LIBRAIRIE ILLUSTRÉE
MONTGREDIEN ET Cie
8, rue Saint-Joseph, Paris

Scènes et Types

DE

l'Exposition

Scènes et Types
DE
l'Exposition

PAR

ADOLPHE BRISSON

PARIS
LIBRAIRIE ILLUSTRÉE MONTGREDIEN ET Cie
8, RUE SAINT-JOSEPH, 8

SCÈNES

ET

Types de l'Exposition

Avant l'ouverture. — Les Déracinés

Avril 1900.

La bise piquait dur, l'autre matin, quand, sur le coup de neuf heures, j'ai gravi la rampe du Trocadéro. Cette partie de l'Exposition est réservée aux pavillons coloniaux. Elle sera particulièrement vivante et pittoresque. On y verra des indigènes de toutes les parties du monde, des êtres sauvages ou récemment arrachés à la barbarie, d'anciens guerriers du roi Behanzin et de la reine Ranavalo, des sujets de S. M. Chulalongkorn, des Japonais et des Chinois qui, oubliant pendant six mois leurs querelles, voisineront fraternellement. Nous y retrouverons les âniers du Caire, les marchands de dattes de Tunis et, sans doute aussi, la belle Fatma. Car nous ne saurions nous passer d'elle.

Ces acteurs sont en route et vont bientôt débarquer. On achève de planter les décors destinés à les recevoir. Une véritable ville se dresse au bord de la Seine, cité bizarre où les races, les siècles, les styles sont mélangés. L'or des paillottes africaines se marie à la neige des mosquées; les clochetons des pagodes, les tours des minarets semblent lancer vers le ciel d'allègres fanfares ; la vieille porte de Pékin, exactement reproduite, se tord, comme un dragon, dans les convulsions de ses sculptures. Et devant elle surgit, orgueilleuse et menaçante, la terrasse du Kremlin. Ce rapprochement est une leçon d'histoire.

Pour mener à bon terme et orner ces constructions, on n'a pas osé se fier à la seule intelligence de nos ouvriers. On leur a adjoint des équipes exotiques. Les Russes sont arrivés d'abord. Ils ont édifié, sur le chantier même, de grossiers baraquements qui abritent leurs cantines. Quand j'en ai franchi le seuil, ils étaient occupés à vider des verres de thé et à tarir des flacons de rhum. Vêtus d'immenses houppelandes froncées à la taille, chaussés d'épaisses bottes, coiffés de casquettes et de bonnets fourrés, d'où pendaient leurs chevelures graisseuses, ils présentaient l'ordinaire apparence des moujiks, tels que Tolstoï les peint dans ses livres. Ils se pressaient sur des bancs de bois, autour de la marmite fumante; ils sirotaient à petits coups leurs breuvages et ne parlaient pas, immobiles, les yeux fixes, engourdis dans une sorte de torpeur. Un personnage, debout sur le seuil, leur adressait des recommandations qu'ils écoutaient avec flegme. Je compris, à son ton d'autorité, qu'il était leur chef, et je présumai qu'il savait s'exprimer en notre langue.

— C'est le moment du repas ? demandai-je.

— Oh ! ce repas durera toute la journée.

— Comment cela ? Vos hommes ne travaillent point ?

— Vous leur enverriez des gendarmes qu'ils refuseraient aujourd'hui de s'atteler à l'ouvrage.

— Pourtant, s'il s'agissait d'une besogne urgente ?

— Urgente ou non, c'est «kif-kif»... «Rien à frire», vous dis-je, avec ces gas-là.

Malgré son fort accent slave, mon interlocuteur paraît initié aux délicatesses du français moderne. Nous sommes à deux de jeu. Nous pouvons causer. Il m'explique que ce jour correspond aux fêtes du Carnaval qui sont chômées en Russie. Ainsi l'exige une tradition séculaire. Et plutôt

Annamites et Cambodgiens.

que de l'enfreindre, les gens se feraient hacher menu comme chair à pâté. Il faudrait, pour renverser cet usage, un ordre exprès de l'empereur. Mais il se garderait bien de le donner. Il respecte les préjugés de son peuple.

Tandis que nous devisons, les compagnons charpentiers boivent toujours et s'absorbent en un rêve silencieux. Leur mélancolie m'impressionne. Et je reprends :

— Ils sont tristes. Ils regrettent la patrie absente !...

— Eux?... Ils se soûlent... simplement...

Et je remarque, en effet, qu'une violente odeur d'alcool flotte dans l'atmosphère de l' « isba ». Le contremaître me regarde avec surprise. Il sourit de mon extrême naïveté.

— Ce soir, ajoute-t-il, tous ces gaillards auront leur « plumet ». Ils ne rapporteront pas à Moscou un fifrelin de la « galette » qu'ils auront gagnée!

Décidément, il sont très « Parisiens » au Trocadéro!

... Là-bas, vis-à-vis de l'aile droite du palais, j'aperçois des êtres microscopiques, accroupis autour d'un brasero, et tendant leurs paumes au foyer, avec des gestes de singes frileux. Ce sont des Annamites, maçons, peintres et sculpteurs. Je m'approche de leur groupe. Les malheureux grelottent. Les capuchons de laine, les cache-nez, les manteaux dont ils sont emmitouflés ne suffisent pas à les garantir contre les rigueurs hivernales. A peine ont-ils saisi la truelle, qu'ils sont obligés de l'abandonner; leurs bras s'engourdissent; ils retournent bien vite auprès du feu. Ils murmurent, levant sur moi des yeux tout à la fois familiers et craintifs :

— Beaucoup froid!... Beaucoup froid!

L'un d'eux s'empare de mon parapluie, qui semble éveiller sa convoitise, encore qu'il soit usé par un long service et d'une qualité fort médiocre.

— Combien payé ça?...

Je lui fais signe de le conserver. Et une mimique des plus expressives me remercie de ma générosité. A ce moment, apparaît un bout de femme pliant sous le poids de deux énormes fardeaux. C'est leur servante, leur *congaï* qui charrie la pitance quotidienne. Ils la débarrassent de ses paquets, les déballent, les disposent sur des planches,

Ouvriers russes employés au Trocadéro.

s'y installent eux-mêmes à califourchon et se préparent à déjeuner.

Le couvert est d'une simplicité primitive. Une ancienne boîte de biscuits Albert, pleine de riz, une marmite crasseuse où nagent, dans un bouillon noirâtre, des feuilles de choux et des morceaux de mouton; quatre écuelles, une cuiller. Et c'est tout! Les Annamites se jettent gloutonnement sur ces mets; ils ramassent pêle-mêle, à poignées, le riz, la viande et les choux, ils pétrissent ces matières et les dévorent. L'adolescent à qui j'ai offert mon parapluie ne veut pas demeurer en reste de politesse. Il me tend sa pâtée gluante. Et quoique j'aie le désir de ne pas l'humilier, je me dérobe le plus poliment possible à cette attention aimable.

— Vous avez tort... C'est très bon! s'écrie une voix gouailleuse.

Je me retourne. Un menuisier est accouru des chantiers voisins et contemple ce spectacle. Celui-ci est un authentique fils des faubourgs. Il a un bagout de tous les diables. Sanglé dans sa ceinture rouge, les mains dans les poches, le nez en l'air, il se dandine à la façon de M. Fugère cadet, de la Gaîté. Dans chaque ouvrier parisien, il y a un comédien qui sommeille. Et le voilà qui commence, sans que je l'en aie prié, à me débiter une conférence sur les coutumes, l'esprit et le caractère des habitants de l'Annam.

— Curieux individus! C'est gros comme un puceron. Ça se met à six pour abattre la besogne d'un seul homme. Et puis, comment voulez-vous qu'ils aient de la force? Ils ne boivent pas. Ils ne sifflent même pas un demi-setier par jour. Et leur *rata* vous brûle l'estomac. Y avez-vous goûté? Ça vaut la peine.

Il allonge une tape amicale à l'un des convives :

— Ali Bajou, passe-m'en une bouchée! (Je l'appelle Ali Bajou parce que ça rime avec Sapajou.)

Ali Bajou n'est point offensé de cette méchante plaisanterie, dont le sens, évidemment, lui échappe. Il emplit son bol de fer blanc et le remet au menuisier qui y cueille

La toilete.

avec précaution cinq ou six grains de riz sur la pointe de son couteau... Cependant la *congaï*, attendant que la collation soit finie, a extrait de son corsage une pipe en merisier, elle la bourre de tabac et cherche à terre un tison pour l'allumer. Notre menuisier a vu ce mouvement et

La Seine et la rue des Nations.

le devance ; il frotte une allumette, il s'approche de la fumeuse, et, s'inclinant, avec la plus exquise politesse, il murmure :

— Madame, je vous en prie !

La galanterie française se manifeste sous toutes les latitudes...

Entre les pavillons tonkinois, celui du Cambodge et celui de l'Indo-Chine, s'élève une hutte provisoire qui sert d'abri à l'architecte de ces divers bâtiments. J'entre-bâille la porte qui y donne accès et me trouve en présence d'un petit Annamite, blotti près du poêle. Il se redresse en me voyant entrer et prend une attitude déférente. Je vais me retirer, mais il m'interpelle :

— Monsieur?... Désirez?

— Qui êtes-vous? lui dis-je.

Il me désigne une pancarte clouée au mur et m'y fait lire un nom soigneusement calligraphié :

CHIEU, INTERPRÈTE

Excellente occasion de sonder les replis de l'âme jaune et de savoir ce que ces étrangers, venus de si loin, pensent de nous. Je m'empresse de profiter de cette aubaine imprévue.

— Monsieur Chieu, vous plaisez-vous à Paris ?

M. Chieu secoue la tête, m'indiquant par ce signe son mécontentement.

— Froid !... beaucoup !... trop !...

— Depuis combien de temps êtes-vous là?

— Six semaines.

— Et d'où arrivez-vous ?

— Saïgon.

— Et quand repartez-vous ?

— Deux mois.

La cuisine.

La perspective de ce prochain départ allume dans les prunelles de M. Chieu un rayon de joie.

— Cependant, Paris est une jolie ville... Et, sans doute, vous y gagnez de l'argent.

— Dix francs, chaque jour.

— Avec dix francs, vous pouvez vous amuser, prendre du plaisir?

— Dépense pas... garde argent pour femme et enfants!

Une subite expression de tendresse illumine la physionomie de M. Chieu. Et j'en suis touché. Qui donc prétendait que l'âme asiatique et l'âme européenne étaient incapables de se pénétrer? Je sens que l'âme de M. Chieu m'est très proche et même qu'elle surpasse la mienne en vertus.

— Et combien avez-vous d'enfants, monsieur Chieu?

Il mesure quatre-vingts centimètres, puis cinquante centimètres au-dessus du sol :

— Garçon... huit ans..., garçon... cinq ans...

— Et vous allez rapporter de jolies pièces d'or dans votre pays?

De nouveau, M. Chieu hoche la tête, avec découragement.

— Manger... trop coûteux!...

Je crois comprendre que M. Chieu se plaint du prix excessif de l'alimentation parisienne. Il achève de préciser sa pensée.

— Poulet... ici, trois francs... là-bas, douze sous...

— Mais vous n'avez pas à payer de frais d'hôtel? Vous êtes logés par l'État?...

— Oui, grande maison... Auteuil... rue Docteur-Blanche.

Et M. Chieu retourne encore au souci qui l'obsède :

— Manger!... coûteux!... plus d'argent!

Soudain, il se saisit d'une brosse et se met en devoir d'enlever les taches de plâtre qui souillent mon paletot. En deux minutes l'opération est faite et bien faite.

— Monsieur Chieu, je vous remercie.

Je lui glisse avec discrétion une pièce de vingt sols. Ça lui payera toujours le tiers d'un poulet! Gravement M. Chieu me salue. Il me lance un regard où éclate sa vive reconnaissance...

Je suis allé visiter, rue du Docteur-Blanche, le quartier général des ouvriers annamites et cambodgiens. C'est unecaserne, badigeonnée de rose et assez vaste pour que quatre cents personnes y tiennent à l'aise. Pour le quart d'heure, elle n'en héberge qu'une centaine. On a établi, dans la cour, des cuisines d'où s'échappent, à l'instant où j'en effleure le seuil, d'affreux relents de graillon. C'est le ragoût du soir qui mijote. Déjà les dîneurs se pressent, ils engloutissent d'énormes rations de choux et de riz agglutiné. Puis dès qu'ils sont repus, ils regagnent leur chambrée. Et dix minutes plus tard ils reparaissent, mais radicalement transformés..., je ne dis pas embellis.

Ils ont dépouillé leurs habits de travail, blouses et sarraux de toile, et maintenant ils sont vêtus à l'européenne : bottines élastiques, pantalons collants, jaquettes, cravates Lavallière dans les tons bruyants, rouge-pourpre, jaune-serin ou vert-pomme. A la main ils ont un stick et sur le crâne un chapeau Cronstadt. Ils se dirigent, un à un, vers la porte de sortie et disparaissent. Le gardien — un sergent à cheveux gris — assiste, non sans bougonner, à cet exode.

— Sacrés lascars, les voilà partis!

— Et où se rendent-ils, de ce pas?

Le brave sous-off cligne de l'œil d'un air malin :

— *On n'est pas de bois*, fit-il avec un gros rire.

J'ai encore dans l'oreille les sages paroles de M. Chieu. Et cette brusque révélation m'est pénible. Eh quoi! les compatriotes de M. Chieu n'imiteraient-ils pas son exemple? Je fais part au sergent de mes anxiétés à ce sujet. Et quoique ma qualité de journaliste lui inspire quelque inquiétude, il consent à s'épancher :

— L'interprète Chieu est une exception. Il est bon époux, bon père et bon fils. Il aime ses parents qu'il a laissés en Cochinchine et est impatient de les rejoindre. Mais les autres, monsieur! quelles gouapes! Ils se moquent un peu de la famille! Ils n'ont qu'une idée : faire la noce. Ils reçoivent leur paye le samedi. Dès le lundi ils sont à sec. Lors de leur débarquement, ils n'avaient pas un fil à se coller sur le dos. Je les ai conduits à la Belle Jardinière. A présent, voyez-les! Reluquez-moi cette tournure! Et tout cela pour plaire à ces demoiselles du quartier des Invalides!

En vain l'honnête gardien se déchaîne-t-il contre la corruption des mœurs. A sa barbe les jaquettes, les « cronstadts » les pardessus-sacs continuent de défiler, se hâtant vers un but mystérieux.

... Les petits Annamites vont s'abreuver à la coupe de la civilisation...

Les Parisiens et l'Exposition

Le décor est posé. Les acteurs savent leurs rôles. On frappe les trois coups, la pièce commence...

Le monde entier est convié à ce grandiose spectacle et sans doute il viendra le contempler. Les étrangers, qui vont être nos hôtes, jugeront la comédie en spectateurs loyaux et sincères. Ils l'applaudiront si elle leur paraît bonne, puis ils rentreront chez eux, emportant un souvenir plus ou moins agréable de ces fêtes. Leur vie n'en sera point troublée. Il n'en va pas de même pour les Parisiens. Depuis bientôt dix ans, l'Exposition les occupe; elle s'est bâtie sous leurs yeux, elle a modifié leurs habitudes, elle passionne leur curiosité; elle éveille aussi leurs inquiétudes, car ayant assisté à son enfantement, ils en subiront les conséquences. Que pensent-ils d'elle et quel est, à son sujet, leur état d'âme? On me posait l'autre jour cette question. Et le hasard m'a procuré les moyens d'y répondre avec quelque exactitude.

Je dînais hier, dans une compagnie, où diverses classes de la société française se trouvaient représentées. Il y avait un jeune poète, un professeur de Sorbonne, vieux et très savant, un des maîtres de la Faculté de médecine, un député qui fut plusieurs fois ministre et souhaite ardemment le redevenir, un philosophe de l'école de Renan, plein de bienveillance et d'ironie. Enfin deux ou trois jeunes dames qui paraissaient aimer le plaisir.

La conversation ne tarda pas à s'engager sur ce qui agite tous les esprits. On parla de l'Exposition universelle. Et je constatai que les convives ne s'accordaient pas entre eux et que les mêmes choses leur apparaissaient sous des angles différents.

Et d'abord le poète éleva la voix. Ses yeux brillaient et son discours était empreint d'enthousiasme.

— Ce sera, dit-il, l'apothéose du siècle finissant. La ville improvisée sur les rives de la Seine est construite à son image, elle le résume, elle est, comme lui, touffue, variée, amusante et débordante de sève. Elle témoigne d'une activité et d'une puissance miraculeuses. Elle est due au mariage de la science et de l'imagination. Et c'est par là qu'elle me séduit. L'imagination toute seule produit des œuvres extravagantes. La science toute seule aboutit à la sécheresse et à la froideur. En s'unissant, elles enfantent des merveilles. Gravissez le sommet de la Tour Eiffel. De ce point élevé, contemplez le panorama qui s'offre à votre vue, cet océan de tours, de coupoles, de minarets, de clochetons qui scintillent au soleil, ces palais égaux par la grandeur et cependant dissemblables et où éclate le génie des races de l'univers. Quand on songe à la somme d'efforts que ces créations supposent, on ne peut s'empêcher d'en être attendri. Et leur diversité est, pour l'artiste, une source de jouissances. Il accomplit, en une minute, un long voyage. Il embrasse, sans changer de place, des civilisations disparates et lointaines. Il se grise de formes nouvelles et de couleurs. Il perd le sentiment des réalités ; il croit vivre un conte des *Mille et une Nuits.* Cette sensation est délicieuse, et je vous assure que, lorsque le joli conte sera fini, j'en éprouverai de la tristesse...

Un murmure approbatif accueillit les paroles du poète; les jeunes femmes lui sourirent. Mais le vieux savant, professeur d'esthétique à la Sorbonne, haussa les épaules d'un air maussade. Et je compris, tout de suite, qu'il allait être brutal :

— Elle est horrible, votre Exposition!... C'est un chaos de monuments barbares, qui sont des modèles de mauvais goût. Ce que vous appelez variété, je l'appelle bariolage et cacophonie. Sachez que la beauté et l'harmonie sont inséparables. Or, je vous le demande, l'harmonie existe-t-elle sur une « carte d'échantillons »? Chacune de vos bicoques peut être, prise à part, ingénieuse et jolie; elles deviennent laides par leur assemblage. On vante la « rue des Nations » établie sur la berge du fleuve, c'est un des quartiers où les badauds se portent de préférence. Il renferme des morceaux assez réussis. Le palais de l'Italie est intéressant, encore que les dorures y aient été trop prodiguées; le palais de l'Autriche serait heureux si la couleur grise, dont on l'a badigeonné, n'alourdissait ses lignes élégantes; le palais de la Norvège est suffisamment rustique; le palais de la Hongrie respire l'audace et la fierté.... Mais, entre tous ces palais, aucun accord, aucune proportion ne règnent. Ils chevauchent les uns sur les autres, comme des dés éparpillés sur la table. La Turquie écrase les États-Unis, la Roumanie humilie la Perse. Et rien n'est comique comme de voir une petite Angleterre à côté d'un *immense* Monaco! De pareilles absurdités me révoltent et je suis bien décidé, jusqu'au mois de novembre, à ne pas mettre le pied hors de chez moi....

Le poète allait protester contre l'injustice de ces propos. Le médecin le devança. Ce fut pour les confirmer et les aggraver.

— Les expositions font courir de gros dangers à la santé publique, déclara-t-il solennellement. L'influence de sept ou huit millions d'hommes portés au même instant sur un même point, vicie l'atmosphère respirable et y sème des germes de contagion. Il ne faudra pas être surpris, si la mortalité redouble, dès que la fête sera terminée. Les affections typhoïques, provenant de la corruption de l'eau, pourraient sévir avec violence. Sans compter que l'importation directe des objets d'Orient favorise l'invasion d'autres fléaux tels que la dysenterie et la peste bubonique.

Une des Parisiennes interrompit cette funèbre nomenclature.

— Savez-vous, docteur, que vous n'êtes pas rassurant?

Elle partit d'un sonore éclat de rire, montrant qu'elle ne redoutait pas la mort ou ne la croyait point si proche. A son tour, le député entra dans le débat.

— Cela, dit-il, n'a pas beaucoup d'importance. L'Exposition se passera bien, j'en ai la certitude. Mais après? Qu'arrivera-il? N'apercevez-vous pas les gros nuages noirs qui se forment à l'horizon? La guerre civile.... La guerre étrangère.... Cinquante mille ouvriers sans ouvrage lâchés dans les rues.... Un conflit possible avec l'Angleterre.... Et, par-dessus tous ces dangers, le flot grondant du socialisme, énergie redoutable, développée par la presse, encouragée par la faiblesse du gouvernement. Finalement l'anarchie, la banqueroute, la misère....

— Allons! allons! fit quelqu'un, vous serez bientôt ministre, mon cher député, et vous nous épargnerez ces désastres...

— Le désastre matériel... peut-être (reprit le professeur

d'esthétique), non le désastre moral. L'Exposition est le foyer de tous les vices. C'est une immense maison de prostitution.

— Il fallait organiser deux Expositions : l'Exposition sérieuse... et l'*autre*...

— Et ne pas les loger au même endroit....

— Et ne pas mélanger la danse du ventre, l'industrie et les Beaux-Arts....

Tandis que ces propos s'échangeaient, j'examinais la physionomie du doux philosophe, disciple de Renan. Elle continuait d'exprimer l'ironie et la bienveillance. Il n'avait pas encore ouvert la bouche. Il s'y décida.

— Je vous trouve trop sévères, dit-il. Cette Exposition me paraît digne d'être louée et je ne suis pas loin de partager l'enthousiasme de notre jeune poète, dont l'instinct est plus subtil que votre sagesse. Car enfin, que lui reprochez-vous? Vous déclarez, monsieur le professeur d'esthétique, qu'elle manque d'unité. Mais, au nom du même principe, vous devriez condamner les musées, où sont groupés, dans un étroit espace, les chefs-d'œuvre de toutes les écoles et de tous les pays; l'Exposition est un musée véritable où figurent, au lieu d'œuvres mortes, des produits vivants. C'est la seule différence.... Vous redoutez la guerre, monsieur le député. Mais il me semble que le meilleur moyen de l'écarter et d'en inspirer l'horreur est d'étaler aux yeux de l'humanité les bienfaits de l'union fraternelle des peuples, les conquêtes de la paix et de la civilisation.... Vous nous menacez de la peste, monsieur le docteur; mais elle n'est pas venue en 1889, ni en 1878. Espérons qu'en 1900 elle restera chez elle.... Vous eussiez voulu que l'on divisât l'Exposition en deux parties strictement séparées, l'une instructive et l'autre frivole. Vous l'auriez ruinée. Personne ne serait allé à l'Exposition sérieuse, par crainte de s'y ennuyer; personne ne serait allé à l'Exposition joyeuse, par crainte d'être classé au rang des *fêtards*. En unissant ensemble ces deux éléments, vous ménagez l'hypocrisie, vous sauvegardez les apparences, et vous vous conformez aux lois de la nature qui veulent que la vie se partage honnêtement entre l'amusement et le travail.... Quant à la galanterie... Mon Dieu, nous savons que l'homme est de chair; et nul, plus que moi, n'est indulgent à ses faiblesses....

Les trois jeunes dames approuvèrent bruyamment la conclusion de ce discours.

— Bah! s'écria l'une d'elles, instruisons-nous, prenons de la joie, puisque nous en avons l'occasion! S'il doit nous arriver plus tard des catastrophes, nous le saurons toujours assez tôt!

Cette opinion d'une petite Parisienne pourrait bien être l'opinion de la majorité des Parisiens.

Quand je sortis de cette maison où tant d'idées venaient d'être échangées, je me dirigeai vers l'enceinte de l'Exposition. Il était minuit. Et, malgré l'heure avancée, une foule s'y pressait. Plusieurs milliers de travailleurs étaient là, ardents à la besogne, haletants, fiévreux. Éclairés par les reflets fantastiques des torches et des lampes électriques, ils se hâtaient, pareils à des démons dans les flammes de l'Enfer. Mais c'étaient de bons démons. Sous leurs doigts habiles, les murs s'élevaient, les statues se dressaient, le fer devenait souple. Les forgerons rivaient les derniers boulons; les charpentiers achevaient de joindre et de consolider les toitures; les staffeurs pétrissaient le plâtre et la filasse; les charretiers chargeaient les débris qui obstruaient la chaussée et les emportaient sur des camions lourdement chargés. Et tous ces gens chantaient. Ils étaient heureux. Et, dans leur allégresse, il y avait autre chose que la satisfaction de gagner de gros salaires; un sentiment plus noble brillait dans leurs regards, un sentiment d'orgueil et de fierté. Ils pensaient, en considérant l'œuvre colossale : « Elle est sortie de nos mains; nous l'avons matériellement créée, et si l'Europe l'admire, nous aurons notre part de cette gloire. »

Voilà pourquoi les ouvriers chantaient, sur le Champ-de-Mars et l'Esplanade des Invalides. Et je compris que l'Exposition n'était pas une entreprise inutile, puisqu'elle exhalait chez les humbles l'amour et le respect du travail.

Propos de la Rue

J'aime beaucoup, durant les jours de fête, me mêler au peuple et prêter l'oreille aux opinions qu'il exprime. Elles sont généralement marquées au coin du bon sens et toujours présentées dans une forme pittoresque.

Donc, je me suis attaché aux pas d'une famille de petits bourgeois composée, — du moins à ce que je présumai — de la belle-mère, d'un jeune ménage et de deux fillettes de huit à dix ans. Trois générations s'incarnaient en ce groupe qui revêtait ainsi un caractère auguste. Je franchis en sa compagnie la barrière des Champs-Élysées et pénétrai dans l'avenue Nicolas II. Elle était déjà grouillante, malgré l'heure matinale, et offrait à la vue un tableau majestueux. Cette perspective du pont Alexandre III et de l'Esplanade des Invalides, se terminant par le dôme doré, où se jouent les gais rayons du soleil d'avril, est un des plus magnifiques qui soient au monde. Nos visiteurs s'arrêtèrent saisis d'admiration. Et le père dit à sa femme :

— Te rappelles-tu, Marie?... Les journaux racontaient qu'on allait abîmer ces quartiers de Paris, en y traçant une voie nouvelle. M'est avis qu'ils feraient mieux de se taire, au lieu de nous servir des bourdes pareilles.

La belle-mère ajouta sentencieusement :

— Faut bien que les journalistes gagnent leur vie.

Ils avancèrent vers le quai et se retournèrent pour embrasser l'ensemble des deux Palais. Et l'excellent boutiquier continua, s'adressant toujours à son épouse qui paraissait être sa confidente :

— Tu ne trouves pas Marie, que le Grand Palais a l'air d'être coiffé d'une cloche à melon?

J'examinai à mon tour la colossale verrière qui domine l'édifice et je dus reconnaître que cette observation n'était pas sans fondement. Il est certain que l'architecte aurait pu, en surélevant sa colonnade ou par tout autre moyen, atténuer l'ennuyeuse monotonie d'une toiture qui s'impose au regard, et, en quelque sorte, l'hypnotise. Comme nous arrivions à l'angle du pont, une autre remarque encore me frappa par sa justesse. Ce fut la belle-mère qui prit la parole; et, en vieille commerçante, dominée à son insu par des habitudes professionnelles, elle s'écria :

— Ce qu'il y a de bibelots, à l'entrée de ce pont. Regardez donc, Eugène! Des femmes nues, des lions, des pyramides, c'est épatant! Ça ressemble tout à fait à une *carte d'échantillons*.

M. Eugène, qui était animé de l'esprit de contradiction et voulait affirmer sa supériorité intellectuelle, démontra à « belle-maman » qu'elle n'entendait rien à l'art décoratif et qu'il n'y avait aucune assimilation à établir entre des blocs de marbre et des bouts de rubans et de velours.

— Ce sont plutôt ces pavillons multicolores qui donnent l'idée d'une *carte d'échantillons*, ajouta-t-il finement.

A cet instant, une de ses filles l'interrompit et lui demanda :

— Papa, à quoi cela sert-il, les drapeaux?

Il demeura songeur, soit que cette question ingénue

Bourgeois de Paris. — Les déjeuners en plein air.

l'embarrassât, soit qu'il méditât d'y faire une réponse éloquente et péremptoire. Enfin il se décida.

— Le drapeau, vois-tu bien Zélie, pour les nations, c'est comme qui dirait l'enseigne pour les boutiques. Ça permet de les distinguer les unes des autres. Et puis, c'est le signe de l'honneur. Ça signifie que l'on est de braves gens...

Zélie leva les yeux sur son père avec admiration. Elle n'avait pas pensé à toutes ces choses. Et je n'étais pas loin de partager le sentiment de Zélie. Le digne homme que le hasard avait mis sur mon chemin symbolisait la race du petit marchand parisien, race admirable, laborieuse, économe, nourrie des plus pures vertus françaises qui sont la vaillance et la belle humeur dans le travail. Et je me représentais l'existence de cette famille-type que Balzac a peinte au naturel dans *César Birotteau*.

Le père a eu des débuts très humbles ; à douze ans, il est entré comme apprenti dans un magasin ; on lui a appris le rudiment de son métier, à étiqueter les marchandises, à ficeler les paquets, à causer avec le client. Peu à peu, il s'est formé ; son imagination et son ambition se sont éveillées ; il ne veut pas rester toute sa vie un commis ; il veut être son maître, avoir sa maison, ne dépendre de personne. Il s'ingénie. Ses parents se saignent aux quatre membres pour lui réunir un pécule. Il en use avec des précautions infinies. Une première opération réussit, puis une seconde. Il cherche alors, à se marier ; il n'a pas la prétention de trouver une grosse dot, mais, ce qui vaut mieux, une affection et un dévouement sincères. Et il les rencontre ! Sa compagne est pour lui la plus précieuse des collaboratrices et la meilleure des conseillères. Elle a l'œil à tout, au dedans, au dehors, aux fournisseurs, à la caisse, à la cuisine, à la tenue des livres et à l'éducation des enfants.

Et les années se passent : grâce à Dieu! on est au-dessus de ses affaires. On a gagné de l'argent, on en a mis de côté. Mais que d'efforts! Quelle activité opiniâtre! Peu ou point de plaisirs. Parfois en été, quand la température est intenable, on emporte un pâté au bois de Boulogne ou de Vincennes et l'on déjeune sur l'herbe. Mais, le plus souvent, on demeure au logis; on profite des loisirs du dimanche pour ranger les comptoirs et revoir les écritures. Pourtant, il y a des jours dans l'année où l'oisiveté est, en quelque sorte, un devoir. Hier, c'était Pâques fleuries et Paris inaugurait son Exposition.

— Aujourd'hui, nous allons faire des folies, a déclaré notre commerçant.

Ses deux fillettes ont battu des mains. Sa femme a souri. Et l'excellent boutiquier, en veine d'amabilité, a décidé que « belle-maman » serait de la fête.

— On verra tout, on ira partout, on dînera au restaurant.

Et sitôt après déjeuner, on est parti. Ces dames ont revêtu leurs plus frais atours. M. Eugène a coiffé son tube et enfilé sa redingote, — où il étouffe. Ces demoiselles ont à la main des ombrelles mauves que leur grand'-mère leur a offertes, ne voulant pas être en reste de munificence. Et, jusqu'à neuf heures du soir, on a trotté; on n'a pris que deux instants de repos à cinq heures pour boire un bock et à sept heures pour avaler un dîner à prix fixe, au pied de la Tour Eiffel.

On a mal mangé, on a payé très cher, on est fourbu.

Mais on s'est bien amusé. Et « belle-maman », qui a vu toutes les Expositions du siècle, depuis 1855, assure qu'aucune n'a été si réussie.

Les Sœurs de Madame Chrysanthème

J'ai eu l'honneur d'être présenté à M. Hayashi, commissaire général du Japon. C'est un homme de beaucoup d'esprit et qui est aussi Parisien que Japonais, car voilà bientôt vingt-deux ans qu'il réside en France. Je lui demandai si ses compatriotes étaient débarqués, non pas les princes et les grands seigneurs de son pays, mais les artistes, les acteurs et les gens du peuple qui doivent jouer leur rôle dans l'Exposition et se trouver en contact avec le public. Ce sont ceux-là qui m'intéressent le plus.

— Je crois, me dit-il, que le panorama du Tour du Monde a engagé une douzaine de *geishas*. On désigne sous ce nom les petites danseuses de là-bas, les demoiselles qui sont invitées dans les dîners de garçons, pour les égayer honnêtement... Ces gentilles créatures ne déplaisent pas aux Européens, et c'est parmi elles que M. Pierre Loti a trouvé cette Chrysanthème qu'il a rendue si fameuse...

Il ne m'a pas été facile de découvrir le logis des *geishas*. Elles habitent au fin fond de Vaugirard une maison qui vient d'être appropriée, tant bien que mal, à leur usage. Et elles n'y sont pas seules. L'étage supérieur leur est réservé. Au rez-de-chaussée, dans des communs hâtivement construits, gîtent des jongleurs hindous et des naturels de Ceylan. Cette colonie est sous la garde d'un ancien soldat qui fait subir un sévère interrogatoire aux visiteurs. Ma physionomie, sans doute, lui a plu, et mes titres lui ont paru suffisants, car il a consenti à m'ouvrir la porte.

— Je vais vous montrer mes pensionnaires, m'a-t-il déclaré obligeamment, mais, si vous m'en croyez, vous ne resterez que peu d'instants avec les Hindous. Ces gaillards-là sont pleins de vermine ; je n'ai jamais rencontré de particuliers si sales ; et pourtant, en Afrique, j'en ai vu de toutes les couleurs. Avec cela, d'une paresse ! Ils dorment toute la journée.

Il s'est approché d'une des cases et a frappé dans ses mains. Des formes humaines, emmitouflées de couvertures, se sont lentement soulevées. Le gardien les interpelle d'une voix rude.

— Allons ! allons ! debout ! Travaillez !

Et me désignant du doigt :

— Lui, grand chef !

Cet impudent mensonge me flatte. Et, d'ailleurs, il produit quelque effet. Les Hindous ont prestement sauté à terre et coiffé leurs turbans. Ils s'inclinent et me prodiguent les signes d'un profond respect, auquel je réponds par un geste protecteur. Je puis maintenant les examiner à loisir. Ils sont trois : un vieillard, un jeune homme et une fillette de dix à douze ans, qui a des gaietés de jeune guenon. Je lui jette une pièce blanche. Son père redouble de génuflexions et se met en devoir de m'exhiber ses talents. Il est allé quérir des corbeilles rondes : il en extrait des reptiles engourdis par le froid, et qui déroulent frileusement leurs anneaux, pendant qu'il module un air de flûte. Puis il passe à des exercices plus savants ; il place sur le sol des gobelets et des boules. Il escamote les boules et fait manœuvrer les gobelets avec une agréable dextérité. Et ses mouvements sont caressants et félins ; aucun effort ne s'y révèle. Il semble que ces jeux soient les plus aisés du monde tant ils sont exécutés légèrement. J'y applaudis avec modération — pour ne pas affaiblir ma dignité de « grand chef ». Nous nous transportons chez les Cinghalais. Et la même comédie recommence. Le brave sous-off décline avec emphase mes qualités. Il croit, en parlant nègre, se faire plus aisément comprendre des Asiatiques.

— Lui, gros manitou...

Cette fois, nous pouvons causer. L'un de ces indigènes entend le français. Il est venu chez nous, déjà ; il a parcouru l'Angleterre, la Belgique ; il a poussé une pointe en Amérique ; il est cosmopolite, et polyglotte et fort intelligent. Il nous raconte qu'il a quitté sa femme, et qu'elle lui manque et qu'il la remplacerait volontiers par une... ou plusieurs Parisiennes.

— Parisiennes !... zolies !...

Il n'est pas mal non plus, M. Happoia. Il a la dent blanche, la jambe fine, le buste cambré. Peut-être se trouvera-t-il quelque âme compatissante pour le consoler de son veuvage. Il arrive, tous les jours, des choses plus extraordinaires. Je lui exprime mes vœux à ce sujet ; et le brigadier souligne mes paroles par une mimique suggestive.

— Croyez-vous qu'il en a, du vice ?...

Ce brigadier s'amuse. Je lui rappelle l'objet principal de ma visite, qui est de contempler les *mousmés* de Tokio. Et nous nous engageons dans l'étroit escalier qui mène à leur domicile.

A mesure que nous en gravissons les degrés, une odeur violente nous prend à la gorge, odeur inaccoutumée, où des relents de cuisine se mêlent à des essences de parfumerie. En même temps, une musique lointaine nous parvient, bruit de cordes pincées dans un rythme monotone et soutenues par des voix criardes. Nous voici au faîte de la villa. Nous nous faufilons le long d'un couloir. Et soudain, le plus ravissant tableau s'offre à notre vue.

Dans un vaste atelier de peintre est dressée une estrade basse qui en couvre presque entièrement la superficie. Sur ce plancher, garni de nattes, une demi-douzaine de femmes sont accroupies, occupées à divers travaux, l'une grattant un instrument, une autre couvrant de dessins une bande de papier, une troisième fredonnant de plaintives mélopées. La plus âgée — une matrone — dirige le concert, l'interrompt à de certains moments et donne à ses compagnes des avis qui sont écoutés avec soumission. Enfin, debout devant elles, quatre jeunes *geishas* prennent des poses et esquissent des pas harmonieux. Je suis tombé en pleine répétition. Je m'assieds discrètement contre un des murs de la salle et me régale de ce spectacle qui me transporte aux extrémités de l'Orient.

Les danses continuent. Un éventail dans chaque main, l'un fermé, l'autre déployé, ces dames s'avancent, reculent, plongent en des révérences de cour. Elles tournent la tête et tantôt la redressent, et tantôt la penchent languissamment. Leurs chevelures semblent des morceaux d'ébène, sculptés et vernis, où la lumière se joue. D'immenses robes habillent leurs corps d'enfants ; l'étoffe en est assez commune ; ce sont des vêtements d'intérieur. Quand les *geishas* figureront sur le théâtre, elles en exhiberont de plus somptueux. Mais, dans cet appareil intime, elles sont charmantes.

Avec leurs larges manches, et les énormes nœuds qui leur enserrent la taille, elles ont l'air de fleurs animées. Je comprends que M. Pierre Loti se soit accommodé de son

M. Tadamasa Hayashi, commissaire général de la section japonaise.

séjour au Japon. Et ces poupées ont des noms, des noms

d'oiseaux ou de végétaux, aux consonances mélodieuses, qui imitent le bruissement du vent dans les feuilles et le gazouillement des sources. Je voudrais bien les connaître. Et justement l'interprète vient me joindre. C'est un peintre, M. Charles Bigot, qui est demeuré longtemps à Yeddo et a accompagné la troupe dans son voyage. Je l'interroge. Il passe les danseuses en revue.

— La première à droite s'appelle Man Yosküke, ce qui veut dire Mlle Dix-Mille. Elle a vingt-deux ans. Elle est très habile en son art. La suivante, Ryu Saïto, c'est-à-dire Mlle Saule-Pleureur, est une beauté...

— Et celle-ci, qui paraît toute jeunette?

— Elle a treize ans à peine... Tcho Kono, Mlle Papillon.

— Et la troisième dont les cheveux brillent comme un miroir?

— C'est Kané Horié, Mlle Lingot-d'Or.

... Successivement, il m'a indiqué Mlle Riche, Mlle Toi et la chanteuse qui se nomme Tana Suzuki, ce qui signifie Mlle Boule-d'Épingle.

Je m'absorbai dans un rêve doux et voluptueux. J'étais officier de marine, un galant officier, d'humeur entreprenante et de mine avantageuse. J'abordais à Tokio après une interminable traversée. Et le hasard mettait sur ma route Mlle Boule-d'Épingle ou Mlle Papillon...

M. Charles Bigot me surveille du coin de l'œil.

— Eh bien! reprend-il, à laquelle de ces ballerines décernez-vous le prix?

— Ma foi! je suis fort embarrassé; mon cœur balance entre Mlle Papillon et Mlle Boule-d'Épingle...

... Je retrouvai dans le jardin de l'hôtel l'aimable brigadier qui m'attendait. Il me reconduisit civilement jusqu'au seuil et me tendit sa carte où je lus :

Hippolyte FRAMBOISE
GENDARME RETRAITÉ
Décoré des médailles militaire
et coloniale

— M. Framboise, lui dis-je, vous avez à garder de gentilles brebis. Je vous en fais tous mes compliments.

M. Framboise me serra la main.

Après cette heure de délassement, j'éprouvai le besoin de m'élever l'esprit par un entretien plus sérieux. Je m'acheminai vers les bureaux de M. Hayashi. Ils sont situés rue de la Pompe, dans un opulent immeuble dont l'aspect symbolise assez exactement l'état actuel de la civilisation nippone. Le salon où je fus introduit était meublé d'une table de Boule, de fauteuils Louis XV, et d'une carpette d'Aubusson, tous ces objets flambant neufs et fraîchement issus de la boutique d'un tapissier. Mais le plafond ne portait plus la trace des Amours joufflus et des nuages roses que les décorateurs, naïfs imitateurs de Boucher, ont coutume de semer dans les demeures bourgeoises, afin de les embellir. On avait effacé ces images mythologiques et dessiné en leur place, des cigognes, les ailes déployées et fendant le ciel d'un vol éperdu. Les cigognes étaient très bien; les canapés Louis XV, très purs de style, et leur assemblage éveillait des idées comiques.

Un secrétaire vint m'avertir que M. le commissaire général se tenait à ma disposition.

Il n'est pas commode d'attribuer un âge à M. Hayashi. Ce personnage, qui a certainement atteint sa maturité, grisonne à peine; son front n'est pas ridé, sa démarche est svelte. Et il a cent ans pour la sagesse. C'est un philosophe. Toutes les questions qui nous occupent ici, touchant l'art, la sociologie, la politique, lui sont familières. Sa conversation témoigne d'une mentalité très élevée ; et, n'était la pointe de zézaiement qui colore son discours et lui communique par instant des inflexions puériles, je m'imaginerais causer avec quelque docte professeur de la Sorbonne.

Pour entrer en matière, je lui confiai la singulière impression que j'avais eue, en regardant au premier étage de son hôtel, des cigognes d'Hiroshighé s'envoler par-dessus des étoffes Pompadour.

— Oui, me dit-il. C'est là que nous en sommes. Nos civilisations se pénètrent, nos races se mélangent. Le Japon subit de toutes parts l'influence occidentale. Il y a des gens qui regrettent ce mouvement, surtout les artistes, qui craignent que nos peintres et nos sculpteurs dépouillent leur originalité. Ils ont tort. Ces éléments arriveront à se fondre. Le Japon est pareil à un homme en état d'ivresse. Il se grise du vin de la science. L'accès passé, il ressaisira son équilibre. Et dans son organisme rajeuni circulera une sève vigoureuse. Des génies viendront, qui créeront des formes inédites, conformes, à la fois, à nos traditions séculaires et au progrès. Et le Japon vivra pour avoir su, au moment favorable, évoluer. Quiconque s'éternise dans le culte aveugle du passé est voué aux décadences. L'immobilité, c'est la mort. Voilà ce qu'a compris notre empereur Mutsu Hito, qui est un grand prince...

Et M. Hayashi m'a démontré à l'aide d'arguments ingénieux l'avantage des échanges entre nations. Les Français manquaient de fantaisie, les Japonais leur en ont prêtée. Nos dessinateurs, nos céramistes ont puisé dans l'œuvre d'Outamaro d'abondantes inspirations. Et, d'autre part,

Acteurs annamites.

les Japonais nous ont emprunté un certain goût de précision, un esprit géométrique qui leur faisait défaut. Ainsi chacun n'a eu qu'à se louer de ce commerce. Mais la fusion, si utile sur le terrain industriel, se peut-elle accomplir dans le domaine du sentiment? Y a-t-il des chances de bonheur possibles pour un Japonais qui épouse une Française ou pour un Français qui épouse une Japonaise?

Tandis que je soumets ce problème à M. Hayashi, je crois bien que j'ai vu flotter, comme dans un songe, la silhouette de Mlle Boule-d'Épingle.

Le commissaire général s'est recueilli; ses yeux se sont plissés de façon maligne :

— Il n'y a pas d'inconvénient à ce qu'un Français devienne le mari d'une Japonaise, celle-ci étant un être de douceur, habitué à plier sous les volontés du mâle. Mais jamais je ne conseillerai à un Japonais de prendre pour femme une Française. Moins de deux jours après les noces, ils se haïront. La Française n'admettra pas, par exemple, que son époux, sans la prévenir, parte en voyage, s'abstienne de coucher et de dîner chez lui, — ce qui est, à Yeddo, d'une pratique courante.

Je certifie à M. Hayashi que nous avons ici, et dans la plus haute société, un certain nombre de Parisiens qui sont Japonais. Mais cette observation ne l'arrête point : il suit le fil de sa pensée :

— Pourtant, nous avons, nous aussi, des femmes libres, des femmes émancipées. Il existe sur nos côtes un village où le sexe masculin est domestiqué. Il se compose de robustes paysannes, de plongeuses qui se gouvernent entre elles; elles ont à leur service quelques hommes qu'elles enferment dans une manière de harem et qu'elles chassent dès qu'ils ont cessé de plaire. Et quand, d'aventure, il leur naît des enfants, elles conservent les filles et se débarrassent des garçons... N'est-ce pas curieux? On m'assure qu'il y a à Paris des dames qui s'accommoderaient de ce régime... Mais je ne puis le supposer...

Les petits yeux de M. Hayashi se plissent à nouveau, et l'ironie y pétille.

— Enfin, conclut-il, nous marchons sur vos traces. Nous avons des journaux qui font de l'opposition au gouvernement, des députés qui taquinent les ministres. Notre Parlement se recrute surtout parmi les mécontents et les besogneux. Est-ce aussi la même chose chez vous?

... Comment, ayant pris congé de M. Hayashi, suis-je retourné à Vaugirard? Quelle est la force qui m'y ramène? Serait-ce le penchant d'une inclination naissante? Toujours est-il que, pour la seconde fois de la journée, j'ai escaladé les quatre étages des mousmés de Tokio.

M. Hippolyte Framboise, qui, décidément est mon ami, me précède. Le cœur me bat un peu lorsque j'arrive près d'elles. Est-ce la rapidité de l'ascension? Est-ce l'amour? Elles ne dansent plus; elles mangent. Leur dînette est servie sur une table étroite, autour de laquelle elles sont assises ; des coussins de soie brochée leur tiennent lieu de chaises. Elles boivent du thé avec des gestes minutieux et proprets de chattes. Deux servantes et le cuisinier apportent des soucoupes où s'amoncelle le riz neigeux. Elles y plongent de minces baguettes et y ajoutent de menus morceaux de viande roulés dans des flots de sauce jaune.

C'est très appétissant ; j'y goûterais volontiers, si Mlle Boule-d'Épingle daignait approcher ses baguettes de mes lèvres. Mais Mlle Boule-d'Épingle me marque une suprême froideur. Par contre, il me semble que Mlle Papillon m'a souri...

Nous nous reverrons...

Mlle Boule-d'Épingle et ses compagnes.

Déjeuner avec Mademoiselle Boule-d'Épingle

J'éprouvais un vif désir de revoir Mlle Papillon et Mlle Boule-d'Épingle que j'ai eu l'avantage de présenter au lecteur. Et je me suis dirigé vers le palais du Champ-de-Mars où ces aimables personnes exhibent chaque jour leurs talents chorégraphiques. Comme j'en franchissais le seuil, je fus abordé par le peintre L. Dumoulin et l'interprète Georges Bigot qui s'informèrent malignement de l'objet de ma visite. Je leur dis que je venais étudier le panorama du Tour du Monde.

— Est-ce la maison qui vous attire, ou ses habitantes? me demanda malignement M. Dumoulin.

— Je ne les sépare pas dans mon estime.

Nous nous engageâmes tous trois dans le large escalier qui conduit au faîte de l'édifice. Et, chemin faisant, mes compagnons me racontèrent leurs aventures.

Ce sont l'un et l'autre, de grands voyageurs. L. Dumoulin fut d'abord attaché, en qualité de dessinateur, au ministère de la marine. Cet emploi est assez peu lucratif, mais il procure à son titulaire la facilité de naviguer sur les vaisseaux de l'État. M. Dumoulin en profita. Il se fit débarquer dans un port d'Extrême-Orient ; il explora le

Japon, la Chine, les Indes, Java, le Cambodge, et c'est au cours de cette longue expédition qu'il conçut l'idée de son panorama animé, — spectacle d'un nouveau genre, joignant à la curiosité du décor l'attrait et le piquant de la vie.

Il s'agissait de fixer sur une toile quelques-uns des plus beaux sites du globe et de placer au premier plan les divers types humains correspondant à ces paysages. La chose paraît facile, et, quand on passe à l'exécution, elle est horriblement compliquée. Elle exige des négociations laborieuses, constamment renouées et cent fois rompues. L'indigène se méfie... Cette Europe, dont on lui vante la richesse, il la croit semée de pièges. L'attrait de l'or l'engage à s'y rendre. Et, d'autre part, un puissant instinct l'attache à son pays. Il faut le payer d'avance; et, si l'on a l'imprudence de le perdre de vue, dès qu'il a reçu son salaire, le traître se sauve à toutes jambes. C'est une opération à recommencer...

— Vous n'imaginez pas, continua M. Dumoulin, le mal que nous avons eu avec les danseuses javanaises! Leurs compatriotes qui sont venues chez nous en 1889 ont emporté de l'Exposition un souvenir médiocre, et, de retour dans leur île, elles se sont empressées d'y répandre de méchants bruits sur Paris et les Parisiens.

Est-ce possible? Ces petites Javanaises que nous avons adorées, que chantèrent nos poètes, et dont nos plus subtils critiques analysèrent les grâces, n'ont pas été satisfaites! En vérité, on reste confondu par tant d'ingratitude! Ont-elles jugé que les Français n'étaient pas assez galants, ou qu'ils l'étaient trop? Elles pourraient bien éprouver aujourd'hui que leur humeur est changeante.

Justement les voici. Elles défilent, précédées des joueurs de cymbales, et s'installent dans le voisinage des

M. Dumoulin, artiste peintre, auteur du Panorama.

ruines d'Angkor. Et je ne sais si les révélations que j'ai reçues m'influencent, mais je ne retrouve pas mes impressions d'il y a dix ans. Ces Javanaises sont lourdement attifées, un air de férocité sournoise luit dans leurs yeux noirs; et leurs mouvements n'ont plus (du moins à ce qu'il me semble) l'harmonie inquiétante et rythmique qui nous séduisait si étrangement... A côté d'elles, campent les Chinois : une matrone obèse, et sa fillette s'occupent à préparer une collation; le mari, silencieux, les regarde travailler.

— Ces Chinois ont d'insupportables exigences, poursuivit M. Dumoulin. Au cas où ils viendraient à mourir, je suis obligé de renvoyer leurs cadavres dans leur province natale, auprès de la dépouille sacrée des ancêtres. Ils n'ont consenti à s'expatrier qu'à cette condition expresse.

Je me demande si M. Dumoulin ne se gausse pas de ma candeur. A beau mentir qui vient de loin, dit le proverbe. Et chez les artistes les plus distingués est un rapin qui sommeille. Mais non! M. L. Dumoulin est sérieux comme un pape et M. Georges Bigot corrobore ses paroles.

D'ailleurs, je ne les écoute plus. Dans un frou-frou d'étoffes éclatantes, épanouies ainsi que des pivoines, peintes et fraîches, délicates fleurs de kakémonos, j'aperçois Mlle Papillon et Mlle Boule-d'Épingle qui sourient.

Elles sont accroupies sur une natte, entre les murs de papier de leurs maisonnettes. Au loin se déroulent des prés, des jardinets précieusement cultivés et plantés de cèdres nains qui mirent leurs branches dans des bassins minuscules. Et cette nature spirituellement vénérable et tourmentée me paraît assez conforme aux descriptions de Pierre Loti.

Mlle Boule-d'Épingle et Mlle Papillon jouent aux osselets.

La directrice de la troupe, Mme Kuni Ivriana — ce qui veut dire Mme Pays — surveille ces divertissements qui ne sont plus de son âge. Les autres *geishas* y prennent une part active. Elles se disputent, avec des gestes souples et coquets de chattes, les osselets; elles les lancent, les

Les acteurs chinois.

rattrapent au vol, et, pour les saisir, s'inclinent vers le sol et allongent leurs mains fines... C'est là sans doute un innocent plaisir, mais il n'est pas exempt de monotonie, et je ne conçois guère que des créatures intelligentes le puissent goûter tout le jour sans périr d'ennui.

— Vous ne comprenez rien à l'âme des mousmés, me fait observer M. Georges Bigot.

Il la possède, lui, en perfection. Il a eu le loisir de la pénétrer durant les dix-neuf années consécutives qu'il a passées au Japon. Il s'y établit en 1881, et vient seulement d'en revenir. L'existence qu'il y mena est semée de péripéties surprenantes. Lorsqu'il quitta Marseille, il avait en poche 2,500 francs. Les frais de transport payés, il lui restait exactement deux cents écus quand il débarqua à Yokohama. Il se dit qu'avec ce petit pécule, de l'énergie et de l'ingéniosité, un artiste devait se tirer d'affaire.

Il tailla son crayon et attendit les occasions favorables. Il comprit que le séjour de Yokohama, ville à demi européenne, était trop dispendieux, et il gagna Tokio. Il y loua un logis modeste et, du même coup, il prit à bail, moyennant 35 francs par mois, une jeune demoiselle, agréable de visage et de caractère, et qui le rendit heureux. Ce prix comportait pour la jeune demoiselle la charge de se nourrir. Mais M. Bigot avait le cœur généreux; il offrit libéralement la moitié de sa table à sa compagne et acquit ainsi par la ville une grande réputation de munificence. Il se vêtit à la mode nippone et se mit à composer des albums d'aquarelles que les Anglais et les Allemands de passage lui achetaient volontiers. Bientôt la renommée de ses talents se répandit; elle alla jusqu'à l'empereur qui lui proposa d'entrer comme professeur dans son école de guerre, aux appointements de 120 dollars. C'était le riz assuré. M. Bigot devenait, en outre, un personnage considérable dans l'État. Il bénit la fortune qui l'avait conduit vers cette partie du monde. Et le Japon lui apparut comme le plus noble peuple de la terre.

Les années s'écoulèrent. M. Bigot se forma une connaissance intime de la langue et des mœurs. Il eut quelques accidents. Il perdit sa place de professeur, mais un journal de Londres le choisit comme correspondant. Il était aussi bien payé et il reconquérait son indépendance. Il en usa aussitôt en publiant des caricatures politiques dont Sa Majesté eut l'esprit de n'être point offensée. Il courut toutes les provinces de l'empire. Il changea d'appartement et de femmes plusieurs fois ; et finalement en ayant trouvé une digne d'être aimée pour ses vertus non moins que pour sa figure, il l'épousa devant le consul de France. Son odyssée se dénoua de la sorte, comme les comédies, par un mariage.

Et tandis qu'il m'en retraçait les péripéties, les *geishàs* continuaient de jouer aux osselets...

— Ce sont, me dit M. Bigot, des âmes d'enfants, insouciantes et légères. Telles vous les voyez ici, telles elles sont là-bas, dans leurs demeures ; elles s'assemblent, se coiffent, s'habillent, bavardent et se désintéressent des responsabilités de la vie ; elles s'en reposent sur les hommes à qui, du reste, elles sont humblement soumises...

Je considérais attentivement la physionomie de Mlle Papillon et de Mlle Boule-d'Épingle et, vraiment, il me sembla qu'elle pétillait d'intelligence. Je demandai à M. Bigot si je ne pourrais causer avec elles par son obligeant office. Il se concerta avec M. Dumoulin. Puis il consulta Mme Pays et me rapporta la bonne nouvelle.

— Ces dames vous prient à déjeuner demain matin à onze heures, rue Blomet.

Je me confondis en remerciements. Et je pris congé de M. Georges Bigot, après qu'il m'eut jeté ce conseil où je vis l'effet de sa grande expérience :

— Ne soyez pas trop poli avec les *geishas*, si vous voulez qu'elles aient pour vous de la considération. L'homme doit toujours tenir son rang!

Vous pensez si je fus exact au rendez-vous. On m'avait permis d'y amener deux ou trois Parisiens — dont une Parisienne. Donc, à onze heures précises, nous heurtions à la porte du caravansérail de la rue Blomet. Elle s'entr'ouvrit et nous laissa voir l'honnête visage de M. Hippolyte Framboise, gendarme retraité, qui nous accueillit avec le plus cordial empressement. Nous étions attendus. M. Georges Bigot nous guida dans le labyrinthe de l'étroite échelle qui mène chez les danseuses. Des vapeurs culinaires y flottaient. Notre repas était sur le feu.

— Une de nos pensionnaires, Mlle Saule-Pleureur, est malade, dit Bigot; mais son indisposition n'aura pas de conséquence, et la belle humeur de ses camarades n'en est point altérée.

En effet, elles étaient fort gaies, quand nous franchîmes le seuil du vaste atelier qui leur sert d'habitation. Autour de Mlle Saule-Pleureur, tristement roulée dans ses couvertures, c'était un concert de petits cris, de murmures et d'inflexions musicales. Dès que nous parûmes, ce gazouillis s'arrêta; les danseuses s'avancèrent avec de solennelles révérences, auxquelles nous répondîmes de notre mieux. Et tout de suite elles procédèrent aux apprêts de la dînette.

On nous apporte en cérémonie des coussins de soie, on dresse des tabourets où notre nourriture sera disposée. On nous remet les baguettes qui nous permettront de la cueillir, sans nous salir les doigts. Enfin les plats arrivent tout fumants de la cuisine. Et M. Bigot les énumère avec gravité :

— Je vous recommande cette soupe au katsoubichi nodashi.

C'est un bouillon où nagent quelques légumes. Les légumes sont coriaces et le bouillon insipide. Nous approchons craintivement le bol de nos lèvres. Les Japonaises se sont assises en cercle. Elles répriment, par civilité, leur envie de rire, mais elles ont de la peine à tenir leur sérieux. Mlle Papillon surtout, avec la vivacité de ses treize ans, est agitée de mouvements impétueux qui se communiquent à Mlle Dix-Mille et à Mlle Riche, ses voisines. Mais quand nous saisissons les baguettes et essayons de les faire manœuvrer, elle n'y résiste plus, elle éclate. Nous-mêmes, nous cédons à la gaieté générale.

Les danseuses javanaises.

Seul, M. Georges Bigot reste impassible et continue d'annoncer les mets :

— Tamago yaki (l'omelette), le tori (poulet) aux shitaké (champignons), aux takéno ko (pousses de bambous), aux ignine mamé (haricots verts).

L'omelette serait excellente, si l'on n'avait omis de l'assaisonner. Le poulet est découpé en morceaux imperceptibles qui ont la vague apparence de vers blancs. Les haricots craquent sous la dent, les champignons sont sucrés et les pousses de bambous ont une saveur nauséabonde.

— Voici ce qu'il y a de meilleur dans le dîner... O sashimi (le poisson cru).

Ce sont des filets de barbues, aux chairs flasques et nacrées. M. Bigot en cueille un morceau entre ses baguettes, le roule dans une sauce noirâtre et l'avale avec les signes de la plus évidente satisfaction. Nous l'imitons sans entrain. Cette viande molle, ces condiments suspects nous emplissent d'une insurmontable répulsion. Nous nous dédommageons avec le riz qui est blanc comme la neige et appétissant et que nous arrosons d'une infusion de thé vert, afin d'en corriger la fadeur. Nous y fourrageons tant bien que mal; les grains de riz s'éparpillent et tombent sur le tapis. Notre gaucherie est extrême. Et elle excite une joie dont nous aurions le droit d'être blessés, si nous n'avions le sentiment du respect qui nous est dû.

Mlle Papillon se tord littéralement. Et quoique Mlle Boule-d'Épingle soit moins expansive, ses prunelles reflètent une expression où je discerne un peu de pitié et beaucoup d'étonnement. Elle songe : « Mon Dieu, que ces gens sont maladroits! » Et je n'en veux pas du tout à Mlle Boule-d'Épingle de ses pensées malveillantes, car elle est jolie. Elle a des dents éblouissantes et ses joues se colorent de la roseur furtive des fleurs du pêcher. Je confie à M. Georges Bigot le goût que j'éprouve pour la merveilleuse beauté de Mlle Boule-d'Épingle.

— Vous voilà bien, vous autres Français, qui ramenez toutes choses à votre étroit point de vue! Mlle Boule-d'Épingle vous plaît parce qu'elle a le teint animé et la gorge développée d'une Européenne. Elle ne répond nullement à l'idéal des Japonais qui préfèrent le teint mat et la poitrine sans sexe ; elle est à leurs yeux ce qu'est aux vôtres une fille des champs, robuste et grossière. Elle leur paraît manquer de race... Mlle Dix-Mille, à la bonne heure. C'est une beauté....

Eh bien ! non, cent fois non! Mlle Dix-Mille est jaune comme un citron, et je garde ma préférence pour Mlle Boule-d'Épingle. Je voudrais lui apprendre l'admiration que j'ai pour ses charmes. Et M. Georges Bigot consent à s'acquitter de la commission. Ce sont de ces petits services que l'on ne se refuse pas entre amis. Je questionne encore Mlle Boule-d'Épingle sur la représentation de l'Opéra à laquelle elle fut récemment conviée avec ses compagnes par M. Gailhard.

— Je vous préviens, dit M. Bigot, que vous n'obtiendrez pas de renseignements précis.

Effectivement, Mlle Boule d'Épingle, interrogée, se borne à déclarer qu'elle est très contente.

— Et Paris, mademoiselle ?

— Très contente.

— Et l'Exposition ?

— Très contente...

Le plus gentil sourire souligne ces réponses qu'inspire la courtoisie. Et, peu à peu, les *geishas* s'apprivoisent. Elles entourent la jeune dame qui est avec nous, elles s'emparent de ses objets de toilette, de sa boîte à poudre, de sa face-à-main, de ses gants, — et s'en amusent.

Cependant, il est midi. On va venir les chercher pour les conduire au Champ-de-Mars ; elles achèvent de se parer, de se mirer dans la glace et de nouer leurs ceintures. Puis, sur les pas d'Hippolyte Framboise, leur mentor, elles dégringolent l'escalier et courent jusqu'à la rue, où deux chars à bancs les attendent. Nous y montons en leur compagnie. Et, certainement, c'est un spectacle assez comique que celui de ces messieurs en chapeau haut de forme, cahotés pêle-mêle sur le pavé de Vaugirard avec ces mignonnes créatures vêtues d'azur et de pourpre. Mlle Papillon s'est un peu calmée. Et, quant à Mlle Boule-d'Épingle, elle est tout à fait majestueuse.

Nous échangeons les derniers saluts. Et le cruel Georges Bigot me glisse à l'oreille :

— C'est égal... Elles se sont bien payé votre tête! Vous savez qu'elles vous trouvent complètement ridicule...

Ainsi, mes illusions se sont envolées...

L'équipage du « Deux-Empereurs »

L'idée m'est venue, hier matin, de visiter le navire amarré contre le palais des Armées de terre et de mer. C'est un morutier authentique, amené du port de Granville et qui, au lieu de croiser sur les bancs de Terre-Neuve, navigue cette année sur l'océan parisien. Il sert de « leçon de choses » ! Fin de carrière honorable pour un bateau fatigué...

J'ai cru d'abord qu'il était désert. Il chauffait paresseusement au soleil ses vergues et ses cordages. Quand on a beaucoup travaillé, on a le droit de prendre un peu de repos. Donc, et malgré la majesté de son nom, le trois-mâts-barque *Deux-Empereurs* avait une benoite physionomie. J'enjambai sans façon le bastingage, je sautai sur le pont et j'appélai... Une voix qui jaillissait des profondeurs de la cale me répondit. Et bientôt je vis surgir une tête grise ébouriffée, qui s'enquit assez brutalement des motifs de ma présence.

— Avez-vous à bord, demandai-je, des terre-neuvas, de vrais pêcheurs de morue?

Le matelot me dévisagea d'un air soupçonneux :

— J'ai quarante-huit ans et trente campagnes, dit-il. Je me nomme Encoignard.

Je priai M. Encoignard de me montrer le *Deux-Empereurs*. Mais il m'arrêta.

— Minute! Cela dépend du capitaine en second.

Celui-ci parut. Il était court de taille, maigre et très vif, au contraire d'Encoignard, qui avait l'encolure d'un géant tranquille. Sa courtoisie fut extrême.

— Mon Dieu, on nous a recommandé de ne recevoir personne. Mais cet ordre n'est pas pour vous. Donnez-vous, s'il vous plaît, la peine d'entrer... Je suis le capitaine Lefauve, votre serviteur.

Le capitaine Lefauve s'exprimait en fort bons termes. Je le suivis. Nous descendîmes de compagnie l'escalier de l'entrepont et trouvâmes au bas des degrés Encoignard qui procédait à ses ablutions dominicales. Il tenait devant lui un vaste baquet où il s'immergeait la figure qu'il avait naturellement rose et fraîche. Il nous sourit, à travers la mousse savonneuse qui ruisselait de sa face.

— Dame, monsieur, pendant des mois et des mois on ne peut pas se laver. Je me rattrape!...

Je m'assis sur un bout de caisse vide. Le capitaine Lefauve roula une cigarette. Encoignard continua de s'astiquer. Et nous causâmes de leur récente campagne.

Elle a été orageuse. Le *Deux-Empereurs*, qui peut bien jauger dans les trois cents tonneaux, revenait chargé de poisson quand il fut pris par une bourrasque, à la hauteur des côtes anglaises. Il y résista, car il est fin voilier. D'énormes paquets, de tribord à bâbord, le balayaient. C'est dans ces moments-là qu'on peut juger des vertus de l'équipage. Il a manœuvré comme un seul homme. Et tout s'est bien passé. Chacun a retrouvé à Granville sa promise ou sa ménagère.

— Le métier est très dur, reprend le brave Encoignard.

L'ÉQUIPAGE DU « DEUX-EMPEREURS ». — Dans la mâture.

Quand nous mouillons là-bas, sur le banc, pendant des mois et des mois, il nous faut trimer. Dix à douze heures de pêche par jour dans les doris. Puis il faut nous occuper de la *boette* et préparer nos filets. C'est à peine s'il nous reste trois heures pour dormir. Aussi, dans les premiers temps, on est comme fou. On a les oreilles qui bourdonnent, les yeux qui voient rouge. On a envie de se coucher, de ronfler à poings fermés. Et peu à peu on s'habitue. Mais, à condition de travailler tout le temps. Si l'on s'arrête, le courage mollit et on est f..... Le matin, avant de partir, on se remonte le moral avec une rincette de tafia. Ce qu'on en siffle, de ces maudits p'tits verres!

Encoignard est lancé. Il prend plaisir à conter ses aventures. Mais je remarque que le capitaine Lefauve l'écoute avec quelque impatience. Peut-être estime-t-il que ce subordonné bavarde trop, ou qu'il tient des discours inconsidérés. Il l'interrompt avec brusquerie:

— Monsieur, me dit-il, je ne bois jamais. Je me nourris exclusivement de café et de biscuit. Et je rapporte à ma femme ce que j'ai gagné.

Un peu sécot, le capitaine... Il y a comme un air d'austérité revêche répandu dans sa personne. Mais son regard respire la loyauté. S'il a voulu infliger une leçon de tenue à Encoignard, celui-ci n'en a cure, et il poursuit, attendri et cordial, son boniment:

— Le capitaine a raison... La boisson est traître... Vaut mieux s'en abstenir. Quand on est dans ces états, on se fâche, on s'emporte, on se cogne dessus. On se dispute sur la politique... Alors, pour se mettre d'accord, on parle des femmes laissées au pays. Sur ce sujet-là, n'y a pas deux opinions. Pas vrai Outil? pas vrai Berginal? Ce qu'il en dégoise, ce diable de Berginal, des histoires de femelles!

J'examine les nouveaux compagnons qui sont venus nous joindre. Outil est un blondin, pâle et maigre ; Berginal, un gars vigoureux dont la moustache affecte un pli conquérant. Plus d'un cœur, sans doute, s'y est accroché dans l'intervalle des traversées, et la côte de Granville est peuplée de ses victimes.

— Vous pensez bien, m'expose-t-il gravement, que tout cela se passe en paroles. Nous sommes trop esquintés, et l'amour ne nous intéresse plus.

Mais Encoignard n'est pas de cet avis :

— N'empêche que si on apercevait un cotillon, on aurait encore assez de force pour lui dire deux mots... Mon vieux Berginal... on te connaît !...

Berginal se déride. Il n'est point insensible à cet hommage.

— Oui, mon vieux Encoignard. Et ce serait le restant de nos écus !

Le capitaine Lefauve me convie à explorer les entrailles du *Deux-Empereurs*. Il est satisfait de son navire. C'est un honnête bateau, bien construit, bon marcheur, et toujours vaillant, malgré ses quarante ans d'âge. Ça danse sur la lame comme un bouchon et ça porte gaillardement ses soixante mille francs de marchandises. M. Lefauve, dont la bienveillance est inépuisable, me fait un cours complet de pêche à la morue. Il m'explique le mécanisme de ce métier très simple. Dès que le poisson s'amène, on lui arrache la langue, on lui tire le sang, puis on le lance au saleur qui le dispose en piles serrées. Ce soin de vider la morue incombe au mousse, qui n'arrête pas, du matin au soir, les reins ployés, le couteau en mains, s'exténuant à la besogne. Je ne puis m'empêcher d'exprimer au capitaine la pitié que m'inspire le sort de ces malheureux enfants. Et je vois qu'il est choqué par cet excès de délicatesse.

— Laissez donc ! Ça forme la jeunesse. Je me suis embarqué à onze ans. J'ai turbiné comme les camarades, j'ai reçu des taloches. Et je n'en suis pas mort.

Il s'anime. J'ai touché, sans le vouloir, un point sensible.

— Méfiez-vous de ce que vous lirez dans les livres. C'est un tas de menteries. Les mousses ne sont pas si malheureux ; et, pourvu qu'ils travaillent leurs douze heures par jour, on les traite bien. On ne les châtie que s'ils sont insolents et paresseux. Et parmi eux, monsieur, il y en a qui ont du vice ! Ce n'est pas croyable ! On ne peut pas les tirer du lit. Et quelquefois ils poussent la malice jusqu'à se jeter par-dessus bord. Tout cela pour vous attirer du désagrément. Moi qui vous parle je ne suis pas méchant... Eh bien ! un mauvais p'tit gosse a porté plainte contre moi. Il m'a traduit en justice. Et tout le monde, sans s'informer, a donné raison à ce morveux...

Une violente indignation est peinte sur les traits du capitaine :

— J'ai été traîné dans la boue, monsieur. J'ai été « souillé » dans les journaux.

Il souligne d'un geste de menaces ces propos amers. Je souhaite que le moussaillon ne retombe jamais sous sa férule. Et pourtant cet homme ne m'a pas trompé. Il n'est pas cruel. Il est seulement formé dans d'autres idées que les nôtres ; il perpétue des traditions séculaires qui heurtent nos sensibleries de citadins ; il trouve tout naturel que les fils des pêcheurs souffrent ce que lui-même a souffert. Et il estime que ces épreuves leur sont salutaires et que, sans elles, il est impossible d'avoir des marins solides. Et comme il est très intelligent, il a remarqué que sa rudesse à leur égard m'avait étonné et froissé. Et pour

L'ÉQUIPAGE DU « DEUX-EMPEREURS ». — Sur le pont.

effacer cette impression, il m'a retracé les principaux événements de sa vie.

Elle est simple, exempte de complications psychologiques et des plus méritantes. Lefauve, aujourd'hui capitaine en second, a franchi pas à pas les étapes qui conduisent à ce grade. Il s'est instruit. Il a appris l'anglais. Voilà trois ans, il s'est marié avec une couturière de Granville, comme lui sage et diligente. Chacun verse son salaire dans le ménage. Le gain de la femme suffit à faire bouillir la marmite. Et l'argent amassé par l'époux gonfle le bas de laine où l'on trouvera, plus tard, lorsque les infirmités seront venues, de quoi s'acheter un petit fonds de commerce. En somme ils jouissent l'un et l'autre d'une félicité véritable. Le capitaine Lefauve juge que la société n'est pas encore trop mal ordonnée, et que tout irait au mieux si les pêcheurs étaient un peu plus grassement rétribués. Il a eu, en me peignant leurs misères, un accent d'émotion qui a achevé de lui conquérir ma sympathie.

— Vraiment, monsieur, les patrons ne sont pas raisonnables. Comme capitaine, je m'en tire. Je touche, bon ou mal an, un millier d'écus. C'est suffisant. Mais ces malheureux !... Tenez ! le père Encoignard que vous avez vu tout à l'heure, a quatre p'tits gars, dont l'aîné déjà navigue. Avant l'embarquement l'armateur lui allonge 4 ou 500 francs qui sont employés à payer les dettes de l'hiver. Il en reçoit à peu près autant après la campagne. Et, avec ces 900 francs, il lui faut nourrir, habiller, élever sa maisonnée. Essayez donc de mettre un sou de côté ! Encoignard attrape la cinquantaine ; il n'a jamais été malade, il est robuste comme un cachalot. Mais que demain un vilain coup lui arrive : il n'a pas un croûton de pain à se coller sous la dent. Voyons ! ça n'est pas juste !...

Il s'arrête, croise les bras et s'écrie avec un emportement rageur :

— Les journaux se lamentent sur la misère des villes. Eh bien ! Et nos villages? Ils ne s'en occupent pas. Ça ne les intéresse guère... Sacrés journaux !

Décidément, le capitaine n'aime pas la presse...

Lorsque la promenade achevée, nous sommes revenus à notre point de départ, l'équipage nous attendait, sous les armes, je veux dire en grande toilette. Encoignard rincé du haut en bas, frais comme l'œil, avait revêtu son tricot bleu des dimanches. Outil et Berginal n'étaient pas moins éblouissants. Berginal — ce don Juan — essayait même d'enfiler ses doigts boudinés dans des gants de filoselle.

— Or ça, mes amis! nous allons trinquer ensemble...

J'ai glissé une pièce blanche au nommé Outil qui, plus leste qu'un chat de gouttière, se précipite vers le cabaret voisin. En attendant son retour, on échange quelques réflexions. Je demande à Encoignard s'il est satisfait de Paris et si l'Exposition est à son goût.

— Oui, oui, c'est très beau, tout ça! Mais ils sont rudement voleurs dans vot' Paris. Ils ont eu le toupet, au restaurant, de me faire payer quinze sous une cuisse de poulet. Une cuisse de poulet, quinze sous!... C'est à n'y pas croire!... Oui, quinze sous!...

Et pour me prouver qu'il n'exagère pas et qu'il a bien déboursé cette somme fabuleuse, le père Encoignard refait l'addition de ce que son repas lui a coûté.

— Trois sous de pain... Douze sous de ragoût... Quinze sous de poulet... Quinze sous!!... Deux sous de fromage. Café... pousse-café... Une chopine. Total : deux francs quatre-vingts centimes. C'est raide!

Et puis, Encoignard a d'autres griefs. Voulant se

désaltérer, avant-hier, il a précipité un seau dans le fleuve et en a absorbé de larges lampées. Il en est résulté d'abominables coliques dont il n'est pas encore guéri.

— Voyons, père Encoignard, l'eau de Seine ne se boit pas!... D'où venez-vous?...

L'excellent gabier hoche la tête et je l'entends qui murmure :

— Qu'est-ce que c'est que cette eau qu'on ne peut pas boire?

Cependant, notre messager accourt avec ses emplettes. Le nommé Outil a acheté deux bouteilles cachetées, que l'astuce du marchand de vin a roulées dans la poussière afin qu'elles soient plus vénérables. Vite, il essuie la table à revers de bras, il y dispose des gobelets. Et les rubis d'un médoc douteux scintillent dans nos verres. Je porte la santé du capitaine. Encoignard est déjà moins sombre. Une humide tendresse flotte dans ses prunelles. Il a tout à fait oublié le mauvais goût de l'eau de Seine. Sa rancune est effacée. Et le nommé Outil, dont la langue, jusqu'à présent muette, se délie, nous répète ce qu'il a appris chez le mastroquet. Il paraît que les charpentiers et les serruriers ont vaguement le dessein de se mettre en grève pour obtenir une augmentation d'appointements.

Une vigoureuse bourrade coupe le fil au narrateur. C'est le père Encoignard qui ne peut contenir son indignation.

— Comment! ça palpe des quatre-vingts et des cent francs par semaine. Et ça n'est pas encore content! Que faut-il donc à ces gens, Jésus-Maria! Nous n'avons pas cent sous par jour, nous autres, et nous risquons, à chaque fois, notre peau...

Le nommé Outil, très enflammé, son teint blême,

Au mouillage, devant le Palais des armées de terre et de mer.

coloré par l'excitation de la course et les vapeurs du bordeaux, ajoute :

— Eh mais, père Encoignard, c'est p't êt' ben qu' nous n' sommes point assez payés... Et si nous faisions la grève, qui donc s'en irait, su' l' banc, pêcher la morue ?

— Outil, apaise-toi. T'es soûl !

Outil n'est pas soûl. Mais des notions nouvelles pénètrent dans son cerveau. Quand il retournera à Granville, je ne sais s'il décrira aux pêcheurs les magnificences de la capitale, les féeries du pont Alexandre III, les grâces pittoresques du vieux Louvre évoquées par Robida, les cascades lumineuses du Champ-de-Mars et la gloire des couchers de soleil sur le dôme des Invalides, mais sûrement il leur confiera, dans le tuyau de l'oreille, que les ouvriers sont couverts d'or à Paris et font « marcher » les entrepreneurs.

Et tels sont les enseignements que les « terre-neuvas » emporteront de l'Exposition.

J'ai serré leurs mains noueuses, leurs mains farouches, salées et couturées par la mer. Nous avons vidé une dernière rasade, nous promettant de recommencer prochainement cette petite fête. J'ai senti que le père Encoignard avait pour moi de la considération.

Et vous m'en croirez si vous le voulez : Cela m'a rendu très fier...

Autour d'une salle à manger

Je parcourais hier les salons de la galerie Petit et je regardais les œuvres intéressantes que M. Gabriel Mourey, le président de la Société nouvelle, y a assemblées. Après avoir admiré les robustes sculptures de Constantin Meunier, je considérais avec curiosité deux statuettes d'un modelé plus délicat et plus frêle, représentant des Parisiennes à la promenade, lorsque M. Gabriel Mourey vint me joindre.

— Connaissez-vous l'auteur de ces figurines, me dit-il ?

Je me penchai sur leurs socles et vit qu'elles étaient signées d'Alexandre Charpentier.

— Assurément, poursuivit-il, ce nom est arrivé jusqu'à vous. Le talent d'Alexandre Charpentier est au-dessus de la discussion ; mais sa vie est, pour le moins, aussi remarquable que son œuvre. Allez lui rendre visite. Il vous la contera. Et vous jugerez de ce qu'a accompli, par le seul effort de sa volonté, cet enfant du peuple. Il s'inquiète de renouveler l'art décoratif. Il a fondé à Auteuil une sorte d'usine ; il y a groupé des ouvriers qui sont ses élèves et qui l'adorent. Ils travaillent côte à côte dans une intimité quotidienne et ont exécuté, pour l'Exposition, une salle à manger que je recommande à votre sollicitude. En tout cas, le tableau de cette existence familiale et fraternelle ne saurait vous laisser indifférent. Vous me remercierez. Ça vaut le voyage !

Là-bas, contre les fortifications, sont plantées quatre ou cinq maisonnettes hâtivement construites. C'est le village d'Alexandre Charpentier. Je m'y suis hasardé ce matin et j'ai trouvé le « patron » qui se chauffait à son poêle avant de mettre les mains à la pâte. Il m'a reçu de l'air le plus gracieux du monde, et, dès l'abord, notre entretien a pris un tour cordial. M. Charpentier a dépassé la quarantaine; il est maigre, agile, court de taille ; sa parole est vive, imagée, semée de mots empruntés à l'argot des faubourgs, il incarne l'idéal du petit soldat français, dur à la fatigue et toujours de belle humeur. Il m'a fait les honneurs de son atelier et des objets qui le garnissent ; ce sont des bustes, des bas-reliefs en voie d'exécution, des médaillons où il a fixé la ressemblance de quelques contemporains célèbres Puvis de Chavannes, Rodin, Emile Zola, Goncourt, Pissaro ; puis des pièces d'orfèvrerie, des chandeliers, des surtouts de table ; puis des meubles, une horloge dans sa gaine, une cheminée en marqueterie, des fauteuils que lui a dernièrement commandés une duchesse.

— Les gens de la Haute, m'a-t-il déclaré, commencent à sortir de la routine ; ils suivent enfin l'exemple des fermiers généraux du siècle dernier, qui conviaient les artistes à embellir leurs demeures ; ils se lassent de l'imitation et recherchent l'original.

De fait, les fauteuils de Mme la duchesse échappent à toute classification. M. Charpentier m'a laissé le loisir d'admirer leurs formes inédites ; après quoi, il m'a conduit vers un autre bâtiment, où une trentaine d'ébénistes et de ciseleurs étaient occupés à raboter, à ajuster, à polir des planches massives.

— Voici ma salle à manger.

Et dans ces paroles j'ai cru sentir l'épanouissement d'une fierté orgueilleuse.

Un jour donc, M. Charpentier fut abordé par un personnage fort civil qui lui tint ce langage :

— Je suis délégué auprès de vous par un grand magasin de nouveautés. Nous désirons exposer en 1900 un ameublement moderne, quelque chose de rare et qui n'ait pas été vu. Nous vous ouvrons les crédits nécessaires. Réalisez librement votre inspiration et ne regardez pas à la dépense.

Vous pensez si M. Charpentier fut heureux ! Son rêve le plus cher prenait corps. Il pouvait l'exécuter, sans être retenu par ces mesquines entraves qui résultent de la médiocrité des ressources pécuniaires. L'argent coulait à flot dans ses coffres. En garder pour lui-même, certes, il n'y songeait guère, n'étant pas un homme avide. Mais il avait l'amour de la perfection ; il voulait que l'œuvre qu'il méditait fût irréprochable.

Il se mit avec fièvre à l'ouvrage. Il acheta des bois des îles, aux colorations chaudes, au grain serré, dur comme le fer. D'abord il tâtonna, il était un peu neuf dans le métier ; il prétendait révolutionner l'ébénisterie en remplaçant le bois plaqué par le bois plein. Mais les premiers morceaux établis sur ce modèle se gondolèrent comme des ceps de vigne et il dut revenir de son erreur. Il embaucha, pour l'aider, des compagnons du voisinage et la besogne marcha à pas de géants. Enfin la salle à manger se dressa victorieuse, prête à affronter les yeux de l'Europe. M. Charpentier l'a composée dans l'ensemble et fignolée dans le détail ; tout ce qu'elle renferme a jailli de son cerveau et a passé par ses mains, depuis les attributs du plafond, l'encadrement des fenêtres, le dessin des lambris jusqu'au décor de la verrerie et de la vaisselle, jusqu'aux boutons des portes et aux manches des couteaux.

Quant au style, je ne sais trop comment le caractériser. C'est un amalgame du style rocaille et du style anglais — Pompadour corrigé par William Morris. Il est plus mâle que l'un et moins prétentieux que l'autre. Il s'appuie sur l'imitation de la plante, considérée comme type ornemental. Des liserons, des fleurs de houblon, des violettes, des roses s'épanouissent à la surface des panneaux vigoureusement creusés, s'enroulent autour des tables, courent le long des moulures ; et tantôt elles s'accusent dans un relief énergique, et tantôt s'effacent et meurent, comme si la matière les absorbait, après les avoir formées... Il m'a paru seulement que le dossier des chaises était un peu lourd et en fâcheux accord avec la légèreté des sièges. Mais M. Charpentier m'a démontré que cette disproportion avait des conséquences avantageuses au point de vue du confort. Et c'est lui, sans doute, qui a raison.

Tandis que nous traversions la cour pour regagner son logis, M. Charpentier m'arrêta :

— J'étais bien misérable quand je m'installai ici, au retour du régiment...

Et j'ai deviné que le sculpteur allait me retracer son histoire.

Elle est mouvementée à la façon d'un roman-feuilleton, pleine d'événements singuliers et de coups de théâtre. M. Charpentier naquit au cœur du vieux Paris, place Maubert. Son père était sergent de ville. Sa mère s'usait les doigts à des travaux de couture. Elle souhaitait pour

« son Alexandre » une position sédentaire qui ne l'obligeât pas à passer les nuits dehors.

— Je veux, lui répétait-elle, que tu aies un état *propre et assis*.

Elle le plaça à douze ans chez un graveur en médailles. L'enfant, qui avait l'habitude de godailler par les rues, ne put se plier à ce régime. Il s'enfuit de l'atelier; et comme il avait peur d'être battu, il n'osa pas rentrer sous le toit paternel. Il découcha.

— Qu'est-ce que vous voulez? J'ai toujours adoré la liberté. C'est dans mon tempérament.

Dès lors, commença, pour lui, l'existence mystérieuse de Gavroche. Il n'avait pas une profession. Il en avait vingt, dont quelques-unes d'assez suspectes. Il fermait les portières, il vendait les programmes, il chantait dans les cours, il figurait au Châtelet et à l'Ambigu, ou bien il se faufilait dans la claque, invectivait le traître du haut du paradis et jetait des pelures d'orange sur les bourgeois de l'orchestre. Mais un certain goût d'art ennoblissait ces expédients. Durant les journées d'hiver, quand le froid était trop vif, il se réfugiait au Musée du Louvre et s'absorbait dans la contemplation du *Radeau de la Méduse*, s'essayant même, naïvement, à le copier. Il avait aussi des dispositions pour la musique. Et dévoré du désir de posséder un violoncelle, il « emprunta » cet instrument à un luthier et oublia — pure négligence — de le lui rendre... Un généreux protecteur, que son intelligence avait séduit, le fit entrer à l'École des beaux-arts. Il y resta tout juste six semaines et s'en échappa. Le vagabondage avait pour lui d'irrésistibles séductions. Et lorsqu'il parle de ces folies, c'est avec un vieux fond d'indulgence et de tendresse.

— Mon plaisir, au plus fort de l'été, était de piquer une tête dans la Seine. Me payer les bains Deligny, il ne fallait pas y songer. Cela coûtait trop cher. Je me déshabillais dans les bateaux à charbon amarrés contre le Pont-Neuf. Et à l'eau! Souvent un agent de police surprenait mon manège. Il s'emparait de mes hardes, les déposait sur la berge, se disant que je viendrais tôt ou tard les ramasser. Je le surveillais de loin et je rageais tout bas ; mais au bout d'une heure de baignade, j'étais bien obligé d'atterrir. A cet instant, une main brutale me saisissait par l'oreille. J'enfilais ma culotte et j'étais conduit au poste, à demi nu, pleurant et ruisselant, au milieu des huées de la populace... C'était le bon temps!

Il atteignit ainsi sa vingtième année. Avant de partir pour la caserne il voulut embrasser ses parents. La mère versa des torrents de larmes en pressant sur son cœur ce mauvais sujet. Le « sergot » lui fit entendre des paroles solennelles :

— Mon fils n'oublie pas que la discipline fait la force et la valeur des armées.

M. Charpentier s'émeut à ce souvenir.

— Brave papa! Il vit encore. Il a le pied solide malgré ses quatre-vingts ans. J'ai obtenu qu'on le nommât garde champêtre dans une commune de Seine-et-Oise. Il était très étonné de voir que son garnement a de belles relations... Positivement, il n'en revient pas!

Quelquefois, le dimanche, M. Charpentier s'en va tenir compagnie au « vieux ». Quand il sera décoré, il ira lui montrer son ruban tout neuf. Et je vous assure que, ce jour-là, une scène touchante se jouera entre ces deux êtres si dissemblables. Oui! je vois le garde champêtre bouleversé, serrant Alexandre dans ses bras et bégayant d'une voix tremblante :

— Sacré clampin!

Il n'aura pas encore compris!

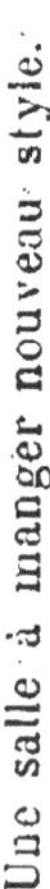

Une salle à manger nouveau style.

Au retour du service, M. Charpentier se retrouve sur le pavé, Gros-Jean comme devant, c'est-à-dire sans un sou. C'est l'instant qu'il choisit pour se marier. Il épouse une honnête fille aussi pauvre que lui. Et, neuf mois plus tard, le ciel bénit leur union... Ils n'avaient pas besoin de cette charge supplémentaire.

— Je sais bien! C'était absurde, dans ma position... Mais, que voulez-vous, je suis fataliste. Je vais où le vent me pousse, et je ne réfléchis pas aux conséquences. Je plonge, comme autrefois, au coin du Pont-Neuf. Et puis, voyez-vous, je crois qu'avec du courage tout s'arrange. C'est là ma philosophie...

Il y eut cependant de terribles assauts à subir. Le loyer en retard. L'enfant malade. Un morceau de pain sec. L'avenir incertain. Le présent mélancolique. Charpentier s'ingéniait à se procurer de la « galette ». Il fabriquait, avec des chiffons, des toilettes à sa femme, et modelait, d'après elle, des terres cuites que les brocanteurs glissaient à l'hôtel Drouot. Ces objets d'art lui étaient payés trois écus... de quoi ne pas mourir de faim. Peu à peu, sa maîtrise s'affirma; sa réputation s'établit; il put quitter son taudis et s'installer à Auteuil, dans un endroit sain et convenable.

Une de ses œuvres fut achetée par la ville et lui rapporta 10,000 francs.

— De ma vie, je n'avais eu une telle somme en ma possession. Je palpais les dix billets, n'osant y croire.

Il les employa à acquitter ses dettes. Une fois payées, il lui restait 4,000 francs. Que faire de cet or?

— Nous allons nous offrir une tournée en Hollande.

Toute la smala se met en route. On arrive à Anvers. Et là, une idée lumineuse traverse l'esprit de Charpentier. Il avise le propriétaire d'un bateau à l'ancre:

— Voulez-vous nous promener pendant deux mois sur les canaux ?

— Volontiers.

Les prix sont débattus. Ce sera 15 francs par jour pour la location et l'équipage. L'embarcation est fraîchement repeinte. Elle embaume le goudron. On y transporte des lits, un fourneau, une cuisine, quelques assiettes. Les voiles sont déployées. Et l'on part.

Ravissante traversée ! Inoubliables délices, succédant à tant de rudes alarmes ! On s'en va à l'aventure, côtoyant des prés fleuris, stoppant au seuil des fermes, se ravitaillant dans des hameaux perdus, s'endormant à l'ombre des moulins d'Hobbema, s'éveillant parmi les vaches de Paul Potter, contemplant les féeries des ciels orageux et nuageux de Ruysdael ! On s'arrête huit jours à la Haye, quinze jours à Amsterdam. Du matin jusqu'au soir on explore les musées et, la nuit venue, on regagne sa maison flottante. Point d'hôteliers. Point de bagages !

— Je vous assure, m'a dit très sérieusement Charpentier, que c'est là seule manière agréable de voyager... et la plus économique...

Pendant que le sculpteur achève son récit, une fillette est rentrée. Elle a les cheveux blonds, les joues éclatantes et roses d'un Rubens.

— Le déjeuner est servi. Vous ne refuserez pas de partager, sans cérémonie, notre fricot?

Cinq couverts sont dressés sur la nappe blanche. Je salue avec respect l'aimable et vaillante Mme Charpentier. Son fils est auprès d'elle. Il va sur ses seize ans et étudie pour devenir architecte. La pièce est joliment ornée, quoique simple. Il y règne une atmosphère de douceur et de paix familiale. M. Charpentier m'explique qu'il a récemment ajouté cette annexe à sa demeure :

— L'amour du bâtiment me vient, comme à Louis XIV, maintenant que je suis riche !

Et de rire ! Et Mme Charpentier s'égaye aussi à cette évocation de l'époque lointaine où l'on était malheureux. J'interroge mon hôte sur ses projets et sur l'organisation de son « usine ». Je lui demande s'il a à souffrir des grèves.

— Et pourquoi mes hommes se mettraient-ils en grève ? Ils sont libres comme l'air, grassement rémunérés. Qu'ils soient un tantinet socialistes, voire anarchistes, je ne m'en soucie point. Ça les amuse de s'occuper de politique. Tant mieux ou tant pis pour eux. Ils introduisent chez moi les pratiques du suffrage universel. Ils élisent eux-mêmes leur contremaître. Que m'importe, dès qu'il accomplit exactement son devoir. Nous sommes amis, et plus qu'amis, camarades. Parfois je les emmène en voiture dîner à Clamart. Et quand, au dessert, les langues se délient, l'orateur de la troupe déclare, en levant son verre, qu'il *n'y a plus de patrons*. Je n'en suis pas offusqué. Je sais que je leur suis nécessaire et ils le savent, n'en doutez pas. Tout cela, voyez-vous, c'est du « battage » !

Cette sérénité me plaît ; elle suppose un fond de sagesse. Et j'y discerne un autre sentiment, la conscience d'avoir été pareil à ces citoyens tumultueux. M. Charpentier se révolta jadis contre l'ordre social. Avec l'âge et le succès, il s'est apaisé. Mais il ne trouve pas mauvais que ses cadets agissent comme il eût agi lui-même. Et leur effervescence le rajeunit...

Le Berceau du Roi de Rome

L'autre matin, j'ai rencontré mon savant ami Georges Cain qui paraissait fort affairé. On le serait à moins. Car, en ce moment, M. Georges Cain assume tout à la fois la direction de Carnavalet et le soin d'organiser l'exposition rétrospective de la ville de Paris. Et je ne sais à laquelle de ces deux besognes il s'intéresse le plus.

Carnavalet, c'est le trésor lentement accru par des années de patience et de recherches. L'exposition rétrospective est un Carnavalet en quelque sorte improvisé et recruté dans les collections particulières. Or, l'amateur de bibelots est un être éminemment ombrageux ; il tient à ses richesses autant qu'à sa vie, et l'amener à s'en séparer est une tâche comparable aux travaux d'Hercule. Il faut, pour y réussir, être aimable, insinuant, persuasif et posséder une autorité personnelle considérable. M. Georges Cain jouit de ces avantages. Et, de plus, il a eu le bonheur de rencontrer des collaborateurs bénévoles qui l'ont aidé avec un grand dévouement. MM. de Cambis, François Carnot, St. Lami, P. Parfonry, L. de Périgord, Tenré, Trotin, et les deux secrétaires MM. J. Robiquet et R. Debraux (c'est un devoir de les citer tous), se sont multipliés. Et la mission qu'ils avaient à remplir comportait des difficultés énormes. Ils ont fini par les surmonter, mais non sans peine. Les collectionneurs jetaient un regard d'inquiétude sur leurs tableaux; l'idée d'une séparation leur déchirait l'âme. Ils donnaient des réponses évasives.

— Plus tard, nous verrons... Quand vous aurez constitué un noyau.

Ces messieurs du comité comprirent la nécessité de frapper un coup décisif. « Puisque les simples mortels ne veulent pas marcher, adressons-nous aux rois. » M. L. de Périgord pria son parent, le comte de Traun, grand chambellan de l'empereur d'Autriche, de solliciter l'envoi du berceau et de la calèche du roi de Rome, conservés à Vienne. Sa Majesté y consentit bienveillamment. Presque au même instant l'empereur de Russie fit savoir qu'il prêterait à l'exposition rétrospective quinze volumes d'aquarelles exécutées par Percier et Fontaine pour Alexandre Ier, son aïeul, et représentant des vues et des scènes de Paris. Le bruit de ces faveurs princières se répandit et soudain les résistances cessèrent; elles furent remplacées par un si vif empressement, que M. G. Cain en éprouva un nouvel embarras. L'excès d'abondance succédait à la pénurie. Après avoir supplié, il était contraint de refuser. Il n'accueillit que les pièces vraiment rares et belles. Il écréma, si l'on peut dire, cent musées divers; il réunit, pour six mois, et rapprocha des chefs-d'œuvre qui ne seront plus jamais rassemblés.

Donc M. Georges Cain m'a glissé dans le tuyau de l'oreille:

— Nous déballons demain le berceau du roi de Rome. Le conservateur des palais de Vienne, le docteur List, est venu tout exprès pour procéder à l'opération qu'il ne veut pas confier à des mains étrangères. Vous serait-il agréable de voir ce spectacle?

Vous pensez si j'acceptai avec joie une offre aussi obligeante.

Donc, à l'heure convenue, je me rendis au pavillon de la Ville, sur le Cours-la-Reine. M. Georges Cain, entouré de son état-major, était déjà dans le feu de l'action. Il combinait les panneaux, avant de les dresser, y groupant des œuvres qui s'harmonisaient ensemble, soit qu'elles fussent du même maître, soit qu'elles se rapportassent à une commune époque. Je ne voulus pas le troubler dans une occupation si délicate; et en attendant l'arrivée du docteur List, je m'amusai à contempler ces merveilles.

Elles embrassent toutes les périodes de l'histoire. Et cependant la plupart se rattachent au siècle dernier, aux règnes de Louis XV et Louis XVI et à la Révolution. Une des plus anciennes est une gouache, communiquée par Mme de Vaufreland, et représentant le quai de la Mégisserie au temps de Molière. La peinture est médiocre, mais assez curieuse au point de vue des mœurs et d'une naïveté qui en atteste l'exactitude. L'homme aux rubans verts est là, parmi les roses du marché aux fleurs; il choisit un bouquet pour Célimène. Et voici, hors de sa chaise, Acaste ou Mascarille, coiffé d'un chapeau extravagant.

D'autres reliques singulières s'imposent encore à l'attention, surtout par le souvenir des événements auxquels elles sont liées. M. Poilpot a envoyé des *drapeaux de section avec cartes d'entrée à la cérémonie de Notre-Dame*; M. de Lasteyrie s'est dessaisi du fauteuil de La Fayette, M. Henri Cain de la palette de Rosa Bonheur, M. Kraemer de la maquette de la Samaritaine, M. Sardou du portefeuille de Fabre d'Églantine, le baron de Vinck d'un numéro du journal de l'*Ami du peuple* (n° 678) teint du sang de Marat, M. Jules Claretie d'un buste du même Marat, qu'il découvrit chez un marchand de bric-à-brac, enseveli sous une épaisse couche de plâtre.

Tout auprès, j'aperçois une petite étude qui a trait à un épisode assez peu connu du public. Elle représente l'aspect supposé des jardins qui devaient être établis en 1811 sur les hauteurs du Trocadéro. L'Empereur avait conçu le dessein de construire à cet endroit un palais qu'il destinait à son fils. Les plans en furent dressés, l'exécution en fut ébauchée. Une circonstance futile la retarda. Au lieu même où devait être bâtie la façade de l'édifice, s'élevait une humble maison, appartenant à un tonnelier et qui pouvait valoir 3 ou 400 écus. On voulait la lui acheter. Il en réclama 10,000 francs. « Qu'on paye ! » dit Napoléon. Mais quand on revint, il avait élevé ses prétentions ; il exigeait 30,000. Napoléon consentit à cette somme. Mais quand le tonnelier vit que le maître était à ce point coulant, ses exigences n'eurent point de bornes. Et lorsqu'on arrivait chez lui, l'argent en poche, il refusait de signer. Et Napoléon cédait toujours. « Ce drôle abuse, grondait-il. Pourtant il faut en passer par là. » Les prix montèrent à 50 000 francs. Mais cette fois l'Empereur se mit en colère. « Cet homme-là est un misérable ! s'écria-t-il. Eh bien ! je n'achèterai pas sa maison. Elle restera comme un monument de mon respect pour les lois. » Le palais ne fut pas achevé ; la masure tomba en ruines, et le trop avide paysan mourut dans la misère. Son entêtement nous a privé d'un édifice dont l'architecture eût été noble et imposante, et moins barbare que celle du palais actuel...

Ces vues de l'ancien Paris sont d'une grâce délicieuse. Il y en a une qui m'a ravi ; elle est du chevalier de l'Espinasse et fixe la physionomie du *Port-au-Blé*, *prise à l'extrémité du Marché-aux-Veaux*, *contre le Pont Notre-*

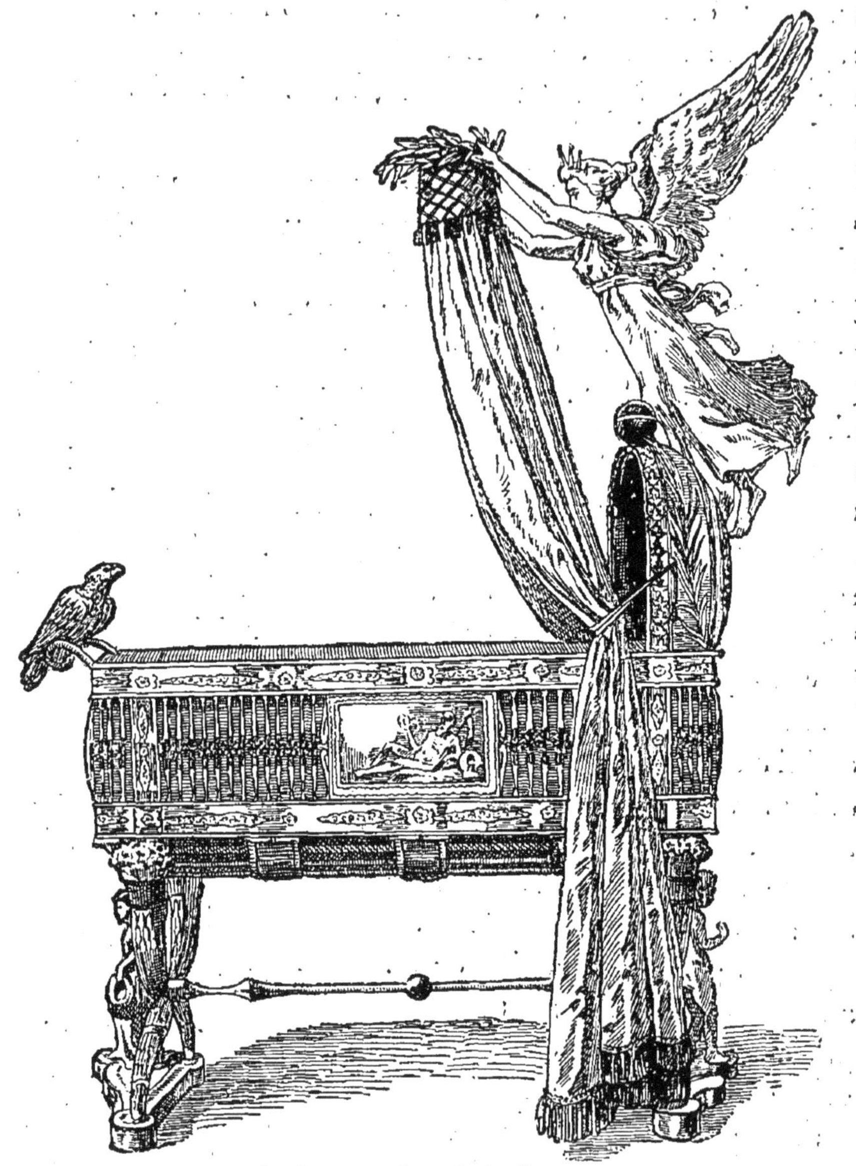

Le berceau du roi de Rome.

Dame. C'est une page ravissante, où toute la vie d'autrefois est évoquée.

A gauche, des chalands sont amarrés sur le fleuve; des chevaux descendent à l'abreuvoir; à l'horizon, sous les rayons du soleil couchant, étincellent les toits et les clochers de la capitale; à droite, aux fenêtres des hautes maisons du quai, flotte le linge fraîchement lavé qu'étendent les ménagères. Sur la chaussée, la foule circule, et l'on n'y distingue qu'un grouillement confus... Pourtant, approchez-vous. Regardez-y de plus près et vous serez confondu par l'ingéniosité de l'artiste. Il s'est appliqué à ramasser dans cet étroit espace et dans des figurines d'un demi-pouce, les types populaires de Paris. Débardeurs chargés d'énormes paquets, bouquetières, porteurs d'eau, servantes délurées à la taille engageante, galants militaires qui les lutinent, écoliers en maraude, marchands d'oiseaux, bourgeois paisibles appuyés sur leurs bâtons, philosophes sensibles, lecteurs de Jean-Jacques. Ces silhouettes sont artificiellement groupées, mais leur élégance, pour être un peu convenue, n'en est pas moins savoureuse. D'ailleurs, le chevalier de l'Espinasse n'a pas à se plaindre; on lui a fait grand accueil; on a de lui encore dix gouaches qui proviennent de chez M. J. Doucet. Il partage avec Boilly et David les honneurs de l'Exposition.

Elle renferme pour le moins une vingtaine de Boilly qui sont la propriété de MM. Lehmann, Pierre Decourcelles et pour la majorité de M. Lutz. Ce dernier habite, au fond du Marais, un modeste appartement où il a logé plusieurs centaines de toiles d'une valeur inestimable. Il vit comme un avare au sein de ces richesses, les couvant, les comptant et les recomptant sans cesse, et s'en repaissant de l'aurore à la nuit close. Par quel argument l'a-t-on décidé à laisser déménager ses Boilly, et particulièrement ce portrait du fils Boilly par son père qui est un des plus beaux portraits qui soient au monde? Lorsqu'il les a vu disparaître, j'imagine que le digne M. Lutz a dû frémir de la tête aux pieds et se remettre difficilement de cette émotion. M. Groult, lui aussi, ne s'est décidé qu'au dernier moment et non sans regret, dissimulant sa contrariété sous le sourire sarcastique qui lui est habituel.

Qu'ajouterai-je ? Il faudrait tout citer, et le *Mirabeau* de Houdon, que M. Delagrave ne céderait pas contre dix fois son poids d'or, et les aquarelles d'Eugène Lami pour illustrer Alfred de Musset, et le légendaire *Atelier d'Horace Vernet*, et les dessins de Moreau et de Cochin que M. Beurdeley a détachés de ses galeries, enfin quatre tableaux de David, dont l'origine mérite d'être rappelée.

David avait été enfermé dans la prison du Luxembourg. On lui amenait chaque jour ses enfants dans le jardin ; c'était pour lui une consolation de recevoir de loin, leurs baisers et leurs signes de tendresse. Il a reproduit l'allée par où il guettait leur venue, et il a tracé l'image de ses amis les plus chers, de M. et Mme Ceriziat, dont le dévouement lui allégeait cette épreuve. J'examinais attentivement le loyal visage de M. Ceriziat et l'heureuse et molle bonté qui s'épanouit sur celui de sa compagne, lorsqu'une voix familière m'interpella :

— Le docteur List est arrivé. On commence !

Le berceau du roi de Rome n'est encore qu'une masse informe de bandelettes et de chiffons. M. List s'en est approché. Avec des précautions infinies, il les déroule. Et bientôt apparaissent les ciselures et les dorures. Le temps a adouci leur éclat trop vif et les a revêtues d'une patine enchanteresse. Le tour du berceau est formé d'un velours nacarat dont les nuances se sont fondues, et sur lequel se détachent des balustres de nacre d'un travail infiniment précieux. Entre les baguettes cheminent des abeilles qui semblent monter, en une ascension glorieuse, vers l'impérial enfant. L'idée est charmante, c'est une idée de poète, éclose dans le cerveau de Prudhon.

— Il manque cinq abeilles, fait remarquer un des assistants.

M. List sourit. Il connaît « son berceau » et du reste il sait que cet objet est en bonnes mains et n'est exposé à aucun dommage. Il continue à le dépouiller de ses ligatures. Successivement il met à jour les pieds en corne d'abondance, les génies de la Force et de la Justice disposés en cariatides, les bas-reliefs, où l'artiste a représenté la Seine recevant dans ses bras le nouveau-né et le Tibre soulevant sa tête au-dessus des roseaux et contemplant dans le ciel l'étoile du roi de Rome. Il va quérir un paquet volumineux. C'est le bouclier formant alcôve destiné à protéger contre les courants d'air le nourrisson. Ce bouclier, surchargé d'un triple rang de palmes, de lierre et de laurier, est d'une lourdeur assez déplaisante. Quelqu'un, auprès de moi, s'en montre déçu. C'est une Parisienne, très sémillante d'allures et de langage.

— Il est affreux, ce berceau! dit-elle.

Gardons-nous des jugements téméraires! Au-dessus du bouclier, M. List a placé la Victoire ailée qui tient entre ses doigts une couronne ; et nous devinons pourquoi il a fallu lui donner cette pesanteur un peu massive : c'est qu'il avait un fardeau à soutenir. La Renommée elle-même manque de fluidité. C'est qu'à la couronne qu'elle élève, des rideaux de soie et de brocard doivent être suspendus. Il est donc nécessaire qu'elle ait assez de résistance pour en supporter le poids. Ainsi, chaque détail s'arrange et concourt à la noble ordonnance de l'ensemble.

Néanmoins, il faut se rendre à l'évidence. Ce berceau, si fameux, n'est pas des plus agréables à regarder. La splendeur l'écrase. Il semble que ceux qui l'ont construit et surtout ceux qui l'ont offert aient voulu l'égaler à la fortune de Napoléon. Ils ont trop songé au père et pas assez à l'enfant; ils ont sacrifié le charme à la force. La nef, trop surchargée, n'éveille pas la sensation d'un gentil poupon qui rit à l'aurore, mais d'un futur monarque, de l'héritier d'un puissant empire, déjà soucieux et captif. Si telle était la pensée du préfet de la Seine, le comte Frochot, et du Corps municipal, elle a été parfaitement exprimée. Lorsque le berceau fut envoyé à Schœnbrünn par les soins de Marie-Louise, le duc de Reichstadt y promena ses regards mélancoliques et dit en soupirant (à ce que rapporte le général Hartmann) : « Nul ne rentre dans son berceau lorsqu'il l'a quitté. Jusqu'ici c'est l'unique monument de mon histoire, je tiens à le conserver. »

Il en conserva un second qui devait lui suggérer des impressions plus riantes. C'est la petite calèche dont sa tante Caroline, la reine de Naples, lui avait fait don. Elle était traînée par deux moutons mérinos qu'avaient dressés les soins de Franconi. Elle voiturait le prince à travers le parc de Saint-Cloud et sous les arbres des Tuileries. Les grognards en faction lui présentaient les armes, et le brave Coignet, quand il la voyait passer, versait des pleurs.

C'est un bijou que cette calèche, un vrai joujou de roi. Garnie de velours gris, balancée par des ressorts flexibles, ornée de peintures, mouchetée d'abeilles, elle est aussi compliquée qu'un carrosse de gala. Rien n'y manque, ni les marchepieds de maroquin qui se déploient, ni les courroies où s'accrochent les laquais, ni le siège assez large pour que le cocher et le groom s'y puissent asseoir.

Et maintenant M. List a achevé son ouvrage, les deux bibelots, démaillotés, reposent côte à côte. Ils sont rentrés dans leur bonne ville, qu'ils avaient abandonnée depuis 1814 et où ils ne pensaient pas devoir revenir...

— On ne dira pas que les empereurs se moquent de nous ! s'est écrié M. Georges Cain.

Et j'ai senti qu'un légitime orgueil gonflait le cœur de cet excellent ami.

... Avant de m'éloigner, je me penche sur l'intérieur du royal berceau. Il est capitonné de satin blanc — un satin jauni et qui a pris des tons d'ivoire ; et je remarque au centre une tache ronde dont l'origine n'est pas douteuse. Un jour, le jeune prince, trompant la sollicitude de sa nourrice, s'est oublié dans ce petit coin, montrant ainsi aux courtisans de son père que, devant la nature, tous les nouveau-nés sont égaux...

Le berceau du roi de Rome a été ciselé par Odiot et Thomire. Le bronzier Thomire s'est éteint sans postérité. Mais l'orfèvre Odiot vit toujours, ou du moins sa maison subsiste. J'ai eu la fantaisie d'aller demander à ses successeurs s'ils n'auraient pas quelque document qui concernât l'empereur, ou Marie-Louise, ou leur fils. Ils m'ont permis de feuilleter les vieux livres de leur comptabilité. Par malheur, le plus ancien de ces registres ne remonte qu'à 1812 ; les registres antérieurs ont été perdus. Ce sont des cahiers recouverts de cuirs verdâtres. Toute l'aristocratie de l'empire y figure.

« Vendu à M. le maréchal duc de Raguse, une cafetière, 192 francs ; à S. A. S. le prince de Wagram, 6 moutardiers, 186 francs ; à M. le prince de la Moskowa, diverses pièces se montant à 13,234 francs ; à M. le général comte Grouchy, une pince à sucre ; à Mme la maréchale Ney, une timbale à anse, 21 francs ; à M. Corvisart, 2 boules d'eau ovales, 132 francs; à M. Talma, 18 couverts à dessert grand modèle, 496 francs. »

Le 1er janvier 1813, Joséphine fait un important achat qui atteint 55,980 francs :

« Vendu à S. M. l'impératrice Joséphine, un grand miroir de toilette, 8,000 francs; deux coffres à bijoux, 5,000 francs; quatre boëttes à pâtes, 1,200 francs. »

Les mois s'écoulent, amenant des catastrophes : l'empire s'effondre, la monarchie ressuscite. Et sur le journal de l'orfèvre les noms changent :

« Dix juin 1814. Vendu à Monsieur, frère du roi, trois passoires à thé; à M. de Chateaubriant, une théière, un sucrier, un pot à crème, 793 francs ; à Madame, une bouilloire, 75 francs ; à Sa Majesté le roi, six cuillers à ragoût, une boëtte à opiat et divers, 1 102 francs... Doit le prince de Condé, pour ses armes gravées sur une cafetière, 3 francs. »

... Et voilà comment on apprend l'histoire et la philosophie dans les papiers de commerce.

Les deux Carillonneurs

... Ils sont, à l'Exposition, deux carillonneurs qui carillonnent...

Le premier carillonneur s'en va par la ville, vêtu d'un somptueux habillement, où l'azur, la pourpre et l'or étincellent. Il logeait naguère au faîte de la tour nord de l'église Notre-Dame, et c'est en ce lieu que je l'ai connu. Il avait su inspirer de la sympathie et de l'admiration au sonneur Herbet qui nous présenta l'un à l'autre :

— C'est Mérovak, l'homme des cathédrales, me dit-il.

Mérovak témoignait beaucoup d'égards au chat Quasimodo et, par ce moyen, il avait gagné le cœur de son maître. Il me tendit la main. A dater de ce jour, nous fûmes amis.

Il me conta son étrange histoire : comment la musique et le dessin lui avaient été miraculeusement révélés ; comment il possédait tous les secrets de ces arts, sans s'être donné la peine de les apprendre, et quelle mission il avait reçue de Dieu. Il m'entraîna chez un facteur de pianos qui lui faisait éprouver la solidité de ses instruments et me joua ses deux morceaux les plus éclatants, la *Marche triomphale* et la *Balancelle de la vie*. Puis nous nous séparâmes. Et, de temps en temps, je le revis. Il m'informa fidèlement de ce qui lui arrivait d'avantageux. Il m'annonça la naissance de sa fameuse revue, l'*Écho des cloches*, et me demanda de la copie pour un numéro d'essai qui jamais ne parut; il m'apprit encore qu'un fabricant de bicyclettes allait donner son nom à une nouvelle machine très perfectionnée et il me démontra l'utilité de cette application du style ogival à la mécanique moderne. Mais le marchand crut devoir renoncer à ce projet et Mérovak chercha une autre monture. Il accourut un matin dans mon cabinet; il semblait plus fiévreux que de coutume.

— Un de mes admirateurs me donne une mule richement caparaçonnée. A Pâques prochaines, je quitterai le Parvis (il disait le *parvis* comme nous disons le *boulevard*) et partirai pour mon tour de France. Vous viendrez me contempler dans mon *costume de cathédrale*.

Je négligeai ce rendez-vous. Et Mérovak ne m'en garda point rancune. Il m'envoya des cartes postales merveilleusement enluminées et qui me tenaient au courant de ses succès. Puis, un jour, cette correspondance se ralentit. Et je croyais Mérovak sagement rentré chez son père, l'honnête libraire M. Robuchon, qui réside à Fontenay-le-Comte, en Vendée, lorsque, une semaine avant l'Exposition, il sonna à ma porte. Le garçon de bureau crut mourir de frayeur en l'apercevant. Mérovak était affublé de son *costume de cathédrale*; il ne s'en séparait plus; il avait d'immenses bottes, des chausses et des manches à crevés, une toque taillée dans une pièce de drap vert-bouteille, et, lui battant le flanc, une escarcelle et une écritoire.

— Il faut que je vous annonce une nouvelle, s'écria-t-il. Je suis promu à la dignité de carillonneur du Vieux Paris.

LE VIEUX PARIS. — La rue du Pont-au-Change et le Carillon.

Je le félicitai de cette élévation, due à son mérite. Et je lui jurai d'aller ouïr, le plus souvent possible, son carillon. Et quelquefois, en effet, je vais l'entendre.

Ce n'est pas qu'il soit très harmonieux. Mérovak improvise de vagues mélopées au lieu de jouer des rondes naïves et des noëls familiers. Mais il déploie en cet exercice une furie extraordinaire ; la sueur lui coule du visage, et l'enthousiasme et l'inspiration luisent dans ses yeux. Pourtant, hier, j'ai remarqué qu'il manquait d'ardeur et que son front était chargé de tristesse. Et je m'enquis fraternellement des causes de ce changement d'humeur. D'abord Mérovak laissa mes questions sans réponse. Il était oppressé par un secret pénible. Il ne se décida qu'avec peine à l'épancher.

— Oui, me confia-t-il, j'ai mille raisons d'être heureux. Mon carillon est bien accordé. Je vais bientôt m'installer dans mon échope, au chevet de la chapelle de Saint-Julien-des-Ménétriers. Ma réputation commence à croître à travers l'Europe... Et cependant...

Je compris que Mérovak arrivait au point délicat de sa confession.

— Eh bien! puisque vous l'exigez absolument... je ne suis pas satisfait du Président de la République.

Je ne pus réprimer un mouvement de surprise et je pressai Mérovak de s'expliquer. Il poursuivit :

— Quand M. Loubet s'arrêta au Vieux Paris, je lui présentai, comme c'était mon devoir, une aquarelle où j'avais mis tous mes soins. Il y promena un regard distrait et me jeta ce seul mot : « Monsieur, je vous remercie ».

En vain, fais-je observer à Mérovak que cette phrase est empreinte d'une irréprochable courtoisie, et tout à fait conforme au caractère éminemment civil de M. Loubet ; il ne s'arrête pas à l'objection.

Mérovak, le carillonneur du Vieux Paris.

— Et non seulement le Président n'a pas examiné mon œuvre, mais il ne m'a pas convié à ses réceptions officielles.

Tout ce qu'il y a à Paris de considérable s'est rendu le 14 avril à la cérémonie du Champ-de-Mars. Et Mérovak n'y fut point invité. Mais il n'a pas voulu que la séance d'inauguration fût déshonorée par cet oubli. Et, n'ayant pas reçu de carton, il résolut bravement de s'en passer. Il brossa son toquet, astiqua sa buffleterie et à une heure et demie précise il se dirigea vers la galerie des Machines. Il craignait qu'un huissier malappris ne lui en refusât l'accès, et, pour prévenir cette impertinence, il s'attacha au pas d'un personnage qu'il sut être depuis l'ambassadeur d'Angleterre. Il pénétra, à sa suite, dans la loge diplomatique où des dames élégantes et des messieurs chamarrés étaient réunis. Il s'assit parmi eux le plus simplement du monde, et son accoutrement ne tarda pas à éveiller leur curiosité. Un colloque s'engagea entre quelques nobles étrangères :

— Quel est cet uniforme ?

— Nicaragua ?

— Saint-Marin ?

— Patagonie ?

— Val d'Andorre ?

Mérovak jouissait de l'étonnement dont il se sentait enveloppé et qui n'avait rien d'hostile. Car la noire chevelure et la barbe soyeuse de Mérovak plaisent aux femmes. A la fin, il se leva de son siège, s'inclina profondément et s'exprima de la sorte :

— Je suis l'ambassadeur rétrospectif de la collégiale gothique.

Un long silence accueillit cette déclaration inattendue. Mérovak fut entouré par un flot d'habits brodés qui l'accablèrent des compliments les plus flatteurs ; il en eût été troublé, si l'habitude qu'il a de recevoir des éloges ne

Eugène Gonnet, carillonneur du Village suisse.

le défendait contre les émotions de ce genre. Il conserva son sang-froid et n'emporta de cette scène qu'une impression de joie tempérée et réfléchie. Il me l'a narrée avec beaucoup d'animation.

— L'ambassadeur d'Angleterre, m'a-t-il dit, est un véritable gentleman.

A ce moment, trois heures sonnent à l'horloge du Châtelet et Mérovak s'interrompt :

— Excusez-moi... Mes devoirs m'appellent,... là-haut...

Il gravit quatre à quatre les degrés de l'escalier qui mène au beffroi. Et un chapelet de notes cristallines s'égrène dans les airs.

Le carillonneur du Vieux Paris carillonne.

... Bien différent est le second carillonneur. Les années ont courbé sa taille et alourdi sa démarche. Il travaille à l'autre bout de l'Exposition, dans le clocher du Village suisse. Et son carillon lui ressemble ; il est, comme lui, tremblotant et fêlé. Ses doigts ne font pas jaillir du clocher un concert de sons magnifiques ou singuliers, mais des motifs agrestes, des chants populaires aux contours précis. Et ces cloches mêmes ont une rustique physionomie. Ce ne sont pas des citadines au parler impérieux et strident, mais d'humbles paysannes, que l'âge, l'inclémence des saisons et l'humidité des nuits ont usées.

J'examinais tantôt le digne homme, alors qu'il les manœuvrait. Elles sont installées d'une façon primitive. Chacune d'elles (et elles sont cinq) traîne après soi un bout de corde qu'il s'attache aux deux pieds, aux deux coudes et au poignet droit. Et il s'amuse avec elles ; il se trémousse en cadence, il dodeline la tête, il bat de la semelle, il lève les épaules. Et pendant ce temps les mélodies s'envolent à travers le ciel. Parfois elles sont un peu boiteuses ; le sonneur a fait un faux mouvement ; une des cloches n'a pas obéi. Il y a des trous dans l'exécution ; le vieux refrain chemine cahin-caha, et sa marche incertaine, et sa gaucherie, et son rythme trop court sont pleins de grâce.

J'ai attendu que le carillonneur fût descendu de sa logette pour le féliciter sur ses talents musicaux. Je lui ai proposé de boire un verre de bière à la brasserie voisine,

Le clocher à carillon du Village suisse.

et il a accepté sans cérémonie cette politesse qu'il devinait cordiale. Et, ne voulant pas demeurer en reste d'urbanité, il m'a décliné son état civil :

— Eugène Gonnet, pour vous servir. Je suis natif de Champéry, dans le Valais. Et j'aurai soixante-treize ans, vienne la Saint-Jean d'été.

Le père Gonnet a de la verdeur, encore que son front soit couturé de rides et qu'il ait perdu toutes ses dents. Il a bourré sa pipe de merisier et nous avons causé du pays.

Il vivait bien tranquille dans la montagne, cultivant son jardinet, et, le dimanche, sonnant aux offices, lorsqu'il a vu venir un étranger qui lui a offert de l'emmener à Paris.

— Vous n'aurez rien à faire qu'à tirer vos clôches toute la journée et vous gagnerez beaucoup d'argent.

Et, ma foi, Eugène Gonnet s'est laissé tenter. Il est monté en chemin de fer, et après vingt mortelles heures de trimballage, il a débarqué dans la grand' ville. On lui a loué une chambre à proximité du Village suisse. Il va du village à sa chambre et de sa chambre au village n'osant pas s'aventurer plus loin de crainte de se perdre. Le bruit de Paris l'effarouche ; les voitures lui font peur ; il n'est tranquille que sur son banc, derrière le buffet d'orgue de la petite chapelle. Là, il peut se croire à Champéry, au fond du Valais, et il a du plaisir à répéter tous les airs que les anciens lui ont enseignés. Ce sont des airs à danser, des menuets, des courantes, des matelotes. Le père Gonnet sait deux matelotes que personne à Champéry n'est en état de sonner, car le rythme en est compliqué et difficile.

— Je sais aussi une chanson française, ajoute-t-il finement :

Vive le roy et la cocarde blanche !
Vive le roy et le comte d'Artois !

L'organe du bon Gonnet est encore plus fêlé que ses cloches. Mais ses intentions sont excellentes. Il est touché de l'intérêt que je lui témoigne et veut me marquer sa gratitude.

— Je vais vous jouer mes deux matelotes.

Il m'entraîne dans l'escalier en colimaçon par où l'on accède à son réduit. Il saisit les cordes qui pendent, s'accommode, se cale, lâche trois boutons de son gilet, afin de n'être pas gêné dans ses mouvements, et le voilà qui attaque gaillardement les matelotes. Ce sont des morceaux agréables, d'une cadence galante et légère, et propres à divertir les mariniers du lac de Genève et à faire briller leur agilité, ainsi que les charmes des Suissesses.

Cependant, de la nef de l'église, quelques visiteurs m'ont aperçu et, cédant au désir d'imitation qui est le plus sûr instinct de l'homme, ils se mettent en devoir de me rejoindre. La tribune se garnit. Des collégiens, des fillettes, des pères de famille avides d'instruire leurs postérités, des bourgeoises de province et des Anglaises aux traits anguleux entourent le virtuose, qui va son train, placide et souriant, au sein de cette foule. Et les noëls de bavarder, et les contredanses et les matelotes de trotter à pas menus, et le couplet vendéen de résonner à nouveau, plumet sur l'oreille, épée au côté, avec ses allures provocantes et fanées.

Vive le roy et la cocarde blanche!
Vive le roy et le comte d'Artois!

Les sous pleuvent dans le chapeau du père Gonnet...

— Vous allez amasser une fortune...

Le père Gonnet ne dit mot, mais je sens bien, à la manière dont il tire les ficelles et dont il frappe du talon sur le plancher, qu'une intime allégresse est dans son cœur.

Et comme je traversais le pont de l'Alma, j'avisai de loin Mérovak qui, sa besogne terminée, s'allait promener dans Paris. Il était toujours paré de son costume de cathédrale; les passants se retournaient pour voir défiler ce grave seigneur qui ne se jugeait point du tout ridicule. Et je songeai que la réunion, au même endroit, du père Gonnet et de Mérovak symbolisait assez exactement le sens de notre grande fête internationale. Ils sont d'origine, de race, de tempérament divers. L'un s'est farci la cervelle de grimoires de magie et s'est nourri des proses du sar Peladan; l'autre n'a lu que dans le livre de la nature. Celui-ci est l'homme des champs. Et, pour six mois, ils se rapprochent, procurant aux philosophes un instructif sujet de méditation.

Rien n'est indifférent pour le sage. Il trouve, en toutes choses, des vérités et des leçons à glaner...

...Jusque dans le spectacle de deux carillonneurs qui carillonnent.

Paradoxes sur la Mode

La mode s'épanouit un peu partout à l'Exposition, en plein air et dans les pavillons du Champ-de-Mars. On lui a même élevé un palais. Elle est dans ses meubles! Ce palais se présente sous un aspect riant et fleuri, mais, dès qu'on a franchi le seuil, l'impression change. Il règne, en ce monument, une demi-obscurité pleine de mystère et comme un effroi religieux; des musiques lointaines y résonnent. Il semble que des rites y soient célébrés. Et dans d'innombrables vitrines apparaît l'image de la femme, éternelle idole, auréolée d'or, parée de diamants, de perles et d'étoffes magnifiques.

C'est un grand plaisir de contempler ces restitutions ingénieuses dues à MM. Charles Risler et Thomas et qui seraient parfaites si leurs poupées de cire avaient des physionomies plus expressives. On suit en quelques minutes l'évolution de l'humanité dans ce qu'elle eut d'élégant et d'aimable. On part des courtisanes de l'ancienne Égypte et l'on arrive aux belles dames du vingtième siècle après Jésus-Christ. Et l'on ne trouve pas qu'il y ait entre elles de si grandes différences. Un peu plus d'hypocrisie chez celles-ci; chez celles-là un peu plus de férocité. Mais chez toutes, même désir de plaire et même coquetterie, et, sans doute aussi, même façon d'attacher et de gouverner les hommes!...

Donc, hier, je considérais les jolies princesses de Charles VII coiffées du hennin et vêtues de bure, robes fourrées d'hermine, lorsque je fus rejoint par un gentleman d'âge mûr et d'allure importante en qui je reconnus un célèbre couturier qui s'intéresse à l'organisation de ce musée. Je lui demandai de m'en faire les honneurs. Je supposais qu'ayant habillé pendant près de cinquante ans les Parisiennes l'honorable industriel aurait des traits inédits à me rapporter touchant l'histoire des mœurs. Il se mit à ma disposition avec la plus gracieuse condescendance. Et nous cheminâmes ensemble à travers les siècles.

Et d'abord, le couturier demeura silencieux, ou, du moins, il ne me fournit aucun renseignement positif, ni sur les armures des chevaliers, ni sur l'ajustement des damoiselles qui présidaient aux tournois. Il attira seulement mon attention sur la robe de Gabrielle d'Estrées, sur le velours bleu, brodé de fleurs de lis de Marie de Médicis et sur le galant équipage de Marion Delorme, qui mourut, comme vous savez, à cent trente-sept ans et toujours jeune. Devant les *fontanges* de la duchesse de Nantes et de la duchesse de Chartres, nous évoquâmes l'origine que les chroniqueurs du temps donnent à cette coiffure majestueuse et incommode. Mlle de Fontanges, chassant à courre, perdit son chapeau; et comme sa chevelure, qui lui noyait le visage, la gênait, elle la noua d'un ruban qu'elle prit à sa ceinture. Le roi déclara qu'il la trouvait délicieuse ainsi, et le lendemain toutes les dames de Versailles avaient les cheveux liés avec des rubans; mais elles avaient augmenté le nombre des coques. L'heureuse négligence de Mlle de Fontanges s'était disciplinée et avait perdu son charme. D'une

Le grand couturier.

coiffure improvisée, l'humeur cérémonieuse des princesses tirait une parure gourmée et froide.

Cela me conduit à demander à mon guide comment et pourquoi naissent les modes. Autrefois, c'était bien simple. Le caprice du roi, ou de la favorite, ou de la reine, les créait. La reine Victoria se foule le pied, s'étend sur un fauteuil et fait allonger sa robe. Toute l'Angleterre se met à porter des robes longues. L'impératrice Eugénie, soit pour simuler ou dissimuler une grossesse, soit pour copier les atours de Marie-Antoinette, introduit une armature métallique dans sa jupe. Et tout Paris s'engoue de la crinoline. Mais, aujourd'hui, d'où vient le mot d'ordre? Et pour quelle raison, après avoir aimé les manches bouffantes, aime-t-on les manches plates, et par quel miracle les couturières et les mondaines s'accordent-elles pour opérer, à la même heure, ce changement? Je pense que le couturier qui m'accompagne a souvent médité sur ces questions difficiles. Il hoche la tête avec mélancolie...

— Oui, dit-il, en perdant la cour, nous avons beaucoup perdu. Jadis la mode venait d'en haut; maintenant, elle vient d'en bas. C'était les dames de l'aristocratie qui l'inspiraient; maintenant ce sont les *filles*.

Ce mot *filles* sonne avec un terrible mépris dans sa bouche et, par une singulière association d'idées, je songe aux tirades que Théodore Barrière plaçait dans la bouche de Félix, le fameux acteur du Vaudeville, et dans lesquelles les femmes de mauvaise vie étaient si fortement morigénées. Mais je comprends que mon couturier ne s'inquiète pas, comme le dramaturge, de la morale et qu'il reste sur un terrain exclusivement professionnel.

Cependant nous approchons des temps modernes. Voici la duchesse du Maine, nouvellement mariée, et recevant au lit, avec la langueur qui convient à une fraîche épousée, ses parents et ses amis. Puis les jeux rustiques de Trianon, la bergerie et le temple de l'Amour; la petite loge de l'Opéra où le maréchal de Richelieu et le cardinal de Rohan caressent une ballerine aux yeux spirituels; puis les polissonneries de Boilly, de Debucourt et de

Palais du costume. — Le salon moderne.

Désaugiers, les marchandes de modes du Palais-Royal, les fêtes païennes du Directoire, les splendeurs des Tuileries, le manteau du sacre et le diadème de Joséphine, et succédant à ses splendeurs, le faste plus apaisé de la Restauration, les félicités bourgeoises de Louis-Philippe... Scènes édifiantes et familiales. La fiancée modeste et les paupières baissées ; le fiancé ardent et lamartinien, tiré à quatre épingles, culottes gris-perle, habit bleu-barbeau à boutons d'or, jabot de dentelles, cheveux frisés et relevés en toupet à la manière de M. Thiers, tandis que les parents savourent les douceurs du whist à deux sous la fiche et que la petite sœur, tout de blanc habillée, jupons de mousseline et pantalon de batiste, guette le manège des amoureux. Enfin, près de la reine Amélie, se dresse l'impératrice Eugénie. Et ces deux figures caractérisent merveilleusement les deux époques où elles vécurent, si différentes quoique voisines.

La reine Amélie porte sur elle l'empreinte d'un luxe sobre et discret, des soies et des cachemires aux tons éteints, un chapeau raisonnable où sa tête est chastement emboîtée. Les plumes de l'impératrice volent au vent. Ce sont des plumes énormes et orgueilleuses qui couronnent un feutre à la Rembrandt. Et tout est immodéré dans cette toilette, le ballonnement des ruches, l'ampleur des franges et des volants, et la crudité désastreuse d'un certain ton violet auquel le regard ne saurait s'accoutumer. Je ne puis céler à mon compagnon la médiocre admiration que j'éprouve pour ce costume qui fut pourtant loué des contemporains.

— Vous voyez, dis-je, que l'influence de la cour n'est pas toujours excellente sur les modes...

Mais il m'interrompt avec vivacité :

— Cette robe n'est pas de moi.

Et il ajoute : « Ce serait trop délicat à vous expliquer

Le Chapeau à la Bonnette.

ici. Mais si vous voulez que nous nous écartions de la foule. »

Et je l'ai suivi, désireux d'élucider ce problème d'esthétique féminine.

Le couturier s'est mis en devoir de me tracer un tableau des élégances mondaines, aux environs de 1860. Son récit, entremêlé d'anecdotes et de souvenirs, m'a paru divertissant. Oui, ce couturier parle comme le sage Mentor! Et la satisfaction où il est de soi-même, jointe à l'orgueil du labeur accompli et à l'assurance de la fortune, prête à son discours beaucoup de saveur. Et puis je ne sais pourquoi, mais je m'imagine qu'il doit avoir des lumières spéciales sur l'histoire contemporaine. Et j'attends de lui des révélations sensationnelles. Les meilleurs historiens sont ceux qui voient l'envers — ou la doublure — des événements.

— Dieu me garde, m'a-t-il déclaré gravement, de médire d'une souveraine que ses malheurs imposent à notre respect. Mais il est permis de rappeler qu'elle n'était pas française de naissance. Son penchant l'inclinait, comme ses compatriotes, vers les choses exorbitantes, excentriques et trop colorées. Elle n'avait pas le sens des demi-teintes... Naturellement ses préférences s'imposèrent aux salons politiques. Mais un courant contraire se forma dont je pris la direction. J'avais, à ce moment, pour clientes, toutes les femmes du faubourg Saint-Germain. Elles se liguèrent, sur mes conseils, contre les tendances des Tuileries. Au « goût officiel », j'opposai mon « goût personnel ». Je m'engageai sur l'honneur à ne jamais fabriquer une crinoline. Et j'ai tenu mon serment.

Le digne couturier s'arrête pour jouir de ma surprise. Je le félicite du courage qu'il a déployé dans ces circonstances périlleuses. Et, poursuivant ses confidences, il m'avoue qu'un vieux désaccord le séparait de l'impératrice.

Son frère était perruquier et l'impératrice se servait chez

La Tunique à la Grecque.

lui. Un jour, elle lui avait commandé une parure originale, composée de pampres et de grappes de raisin. Arrive une ambassadrice qui, avisant cette merveille, en demande une semblable.

— Y songez-vous, madame! ce serait trahir Sa Majesté.

— Je quitte Paris ce soir. Elle n'en saura rien.

Le perruquier se laissa fléchir. L'ambassadrice eut sa coiffure de pampres et de raisin. Et, au lieu de monter en chemin de fer, elle se rendit au bal des Tuileries. Lorsque l'impératrice l'aperçut, parée de la sorte, à son image, elle entra dans une violente fureur. A minuit, elle manda le fournisseur infidèle et lui signifia son congé dans des termes exempts de bénignité. Et quoique « l'artiste capillaire » eût conscience de la faute qu'il avait commise, il se sentit meurtri dans sa dignité de notable commerçant. Cette blessure infligée à son nom ne fut pas étrangère à l'attitude hostile que prit le couturier à l'égard de la crinoline. Il eut raison de lutter, puisqu'il fut victorieux. La crinoline fut vaincue. Mais au prix de quels efforts! Il fallait maintenir les faibles volontés qui se laissaient gagner par la contagion, ranimer les courages, soutenir les défaillances.

— J'étais ferme! très ferme! Je ne consultais pas mes clientes. Je les dirigeais. Et c'est la seule façon d'acquérir sur elle l'autorité nécessaire.

Je remarque que mon couturier a l'allure, le parler bref, et la moustache d'un colonel en retraite. En 1860, le colonel était capitaine. Ses ordres n'en étaient que mieux accueillis. Et je remarque aussi que mon couturier, comme beaucoup de colonels en retraite, incline à la tristesse et au pessimisme. Il estime que les Françaises ont perdu la tradition de ces prodigalités qui assuraient leur prééminence et qui faisaient d'elles un objet d'émulation et d'envie. Quelle est aujourd'hui la femme qui dépense cent mille francs par an pour son entretien? Une ou deux comédiennes peut-être, cinq ou six courtisanes. Mais les grandes dames sont devenues économes, soit que leurs ressources aient diminué, soit qu'elles aient pris des habitudes de simplicité, subissant sans s'en rendre compte le contre-coup des idées démocratiques. Elles commettent journellement des hérésies qui eussent empli d'indignation leurs grand'mères. N'ont-elles pas l'audace de se rendre au jour de leurs amies, vêtues de robes de drap sans apprêt ? La « robe de visite » a disparu, on la remplace par la « robe de voyage ». Si quelque mondaine se fût risquée naguère en cet accoutrement dans un salon du faubourg, la maîtresse du logis l'eût proprement éconduite et punie de ce manque de tact en lui infligeant une leçon. Aujourd'hui, toutes les femmes se confondent. Pauvres et riches, nobles et bourgeoises, honnêtes et dévergondées, l'ambassadrice des Champs-Élysées et la demoiselle de magasin, toutes endossent le « costume tailleur ». Et voilà le grand coupable, ce costume qui se fabrique en Angleterre, comme en France, à Rome et à Vienne, et qui est en quelque sorte cosmopolite et universel. Il est pratique, peu coûteux et, en somme, non dépourvu de grâce, puisqu'il épouse les formes et les fait voluptueusement saillir. Les jolies femmes s'en accommodent, et les laides s'en accommodent aussi, car elles se croient jolies. Les seules personnes qu'il désoblige sont les grands couturiers, car il froisse leurs instincts aristocratiques.

Une autre cause de décadence est le *truquage* des matières premières et leur qualité inférieure. Jadis, quand vous vouliez une jupe de dentelles, c'était une vraie dentelle que l'on vous procurait, indestructible et fabriquée à la main par les patientes ouvrières de Bruges et de Malines. L'usine a remplacé le métier de la dentellière. On vous sert des imitations adroitement réussies, mais qui ne durent qu'un temps. Vous payez cette fausse dentelle en conséquence, et vous la renouvelez quand elle est usée, mais vous n'avez pas la satisfaction de posséder une œuvre d'art. Votre toilette n'est qu'un trompe-l'œil.

Visiblement, mon couturier est attaché aux us de l'ancienne France. La médiocrité du temps présent le révolte.

— Croiriez-vous, me dit-il, qu'une dame américaine m'a commandé l'autre jour une robe et un manteau en valenciennes authentique. J'ai eu toutes les peines du monde à m'en procurer sur le marché. Les pièces importantes ne s'écoulent plus. Il est fâcheux, avouez-le, que les Parisiennes ne s'inspirent pas de cet exemple.

Ces phrases trahissent un amer désenchantement. Mais, après avoir dégonflé son cœur, l'illustre couturier se ressaisit. Il ne veut pas me laisser partir sur une image aussi désolante, et il ajoute :

— Malgré tout, notre pays reste à la tête du mouvement. Examinez l'exposition des couturiers français, comparez-la aux expositions étrangères, et vous sentirez s'exalter votre fierté nationale.

Et je m'aperçois effectivement qu'il est ému... C'est un brave homme... encore qu'il se montre un peu dur pour les souveraines qui ont régné sur la France !...

Je suis redescendu à travers les galeries. Dans la foule qui s'y presse, il y a des gens de tous les pays, Anglais rougeauds, Allemands barbus, Mexicains trop noirs, Scandinaves aux joues roses ; ils sont uniformément vêtus de vestons et de jaquettes qu'un même ciseau, à ce qu'il semble, a découpé dans la même pièce de lainage britannique, cheviote bleu-marine ou molleton à carreaux. Nulle fantaisie, nulle recherche dans ces accoutrements de voyage. La partie mâle de l'humanité n'a plus la notion

Le Palais du Costume. — La grande salle romane.

du pittoresque. En renonçant à l'habit, nous avons perdu un précieux moyen d'expression. L'habit, de couleurs changeantes, rendait sensible aux yeux, dès l'abord, notre condition, notre origine ; il disait ce que nous étions ; il révélait aussi les mouvements de notre âme et offrait aux observateurs des indications subtiles. Les rubans verts d'Alceste, la petite-oie de Mascarille sont des traits de caractère. Molière a introduit un brin de psychologie dans les aiguillettes d'Harpagon. Et le galant équipage des blondins ! Dès que l'on voit face à face Trissotin et Clitandre, Bartholo et le duc d'Almaviva, on les devine ennemis, on sait où penchera la tendresse d'Henriette et de Rosine. Je connais de belles personnes qui soupirent en songeant à ces grâces disparues et qui sont inconsolables de n'avoir pas été aimées par un habit gorge-de-pigeon. « Ah ! ma chère, ces marquis avaient des façons de vous baiser la main ! »

Les femmes se sont mieux défendues contre la monotonie du siècle. Elles n'ont pas cessé, Dieu merci, d'être un peu extravagantes. Les bandeaux botticelliens ne sont pas plus raisonnables que les turbans du règne de Charles X et c'est pour cela qu'ils méritent nos louanges. Et puis, que vous dirai-je, une fille de vingt ans, si elle a la taille svelte et le col élancé, nous ravira toujours. Qu'elle torde son chignon à la grecque, qu'elle le soutienne en bandelettes à la romaine, ou l'emprisonne dans un hennin, ou laisse sa chevelure ondoyer et se répandre ; qu'elle s'enveloppe de voiles flottants, ou se serre les hanches dans un jersey de lawn-tennis ; pour nous, elle s'appelle Diane ou Nausicaa. Elle incarne la jeunesse triomphante...

Tout à l'heure, j'observais un groupe de visiteuses arrêté devant le portrait de Joséphine. Il se composait de la mère, obèse et bienveillante, et qui luttait héroïque-

Une élégante sous la Restauration.

ment contre la chaleur, et de ses trois « demoiselles »

vêtues de mousselines et tenant du bout des doigts des ombrelles mauves. Je devinai en elles des provinciales, à ce je ne sais quoi de précieux et de gourmé qui rappelle les promenades sur le cours, à l'heure de la musique, et le thé de Mme la sous-préfète. Elles n'avaient pas cette nonchalance dans la distinction qui est le propre des Parisiennes. Du reste, elles étaient charmantes. Je m'arrêtai pour les entendre causer. La bonne dame disait :

— Pourquoi, dans ces tableaux, n'y a-t-il pas une seule grosse femme ? Le beau mérite d'habiller des mannequins faits au moule, avec leurs tailles de guêpes et leurs jambes de statues ! J'aurais voulu voir comment *ils* s'en tirent, lorsqu'ils ont affaire à des *paquets* comme moi.

Cette remarque fut faite sur un ton de cordialité qui me plut extrêmement et souligné de gestes comiques. L'honorable matrone éventait avec ardeur la sueur qui dégoulinait de sa face apoplectique ; elle était au supplice et elle avait le courage d'avoir de l'esprit. Ses filles n'étaient guère à la conversation. Elles dévoraient du regard l'exposition des robes modernes, qui continue la rétrospective. La vue de ces modèles allumait leur curiosité. Elles les étudiaient dévotement, s'en emplissaient les yeux, afin de « donner des idées » à la petite couturière qui les attendait là-bas, au pays.

Et, tout en surveillant leur manège, je songeais qu'il est une chose plus étrange encore que les incessantes variations de la mode, c'est notre docilité à les suivre. Quoi qu'exige cette fée capricieuse, nous lui obéissons ; nous exécutons ses arrêts, sans murmurer, comme le soldat de Scribe. Fussent-ils barbares, nous les jugeons excellents. Les enfreindre nous marquerait d'un ridicule qui dépasse les limites de l'audace humaine. Anatole France a constaté judicieusement que l'on peut arborer avec élégance une vieille opinion, une croyance surannée, mais qu'il est impossible de mettre sur sa tête un vieux chapeau. Oui, la mode nous domine jusque dans nos goûts les plus secrets, dans nos préférences les plus intimes. Elle règle et décrète de quelle manière une femme sera belle, par quels attraits elle éveillera notre désir. Et c'est ainsi que des générations entières ne rêvent que de femmes aux attitudes penchées, tandis qu'à d'autres il faut des nez insolents et des frimousses piquantes. Et les amoureux, ces grands naïfs, ces pauvres inconscients, aiment selon l'esthétique du jour, frémissent en voyant passer celle qui ressemble le mieux aux vignettes, aux estampes, à la dernière silhouette d'une feuille illustrée et se disent que ce sont là le type suprême et l'essence de la beauté...

Mais, de même que la mode est impérieuse, elle est ingrate. Elle brise les jouets dont elle s'est amusée. La merveille d'aujourd'hui est la caricature de demain. C'est un gros danger, pour une femme, de lier son nom et son souvenir à la forme d'une coiffure ou d'un corsage.

... Justement, comme je sortais du palais du Costume, j'ai croisé Mlle Cléo de Mérode. Et il m'a semblé que j'apercevais un joli petit bibelot, très ancien...

Lui — ? —

C'était au commencement du mois dernier. J'avais demandé l'autorisation de visiter, de grand matin, les trésors rapportés de Sans-Souci et qui font le plus bel ornement du pavillon d'Allemagne. La foule m'inspire de l'effroi. Les sottes réflexions échangées devant un chef-d'œuvre me gâtent tout le plaisir que je puis avoir à le contempler. La joie idéale est de demeurer seul en tête à tête avec lui. Et je ne suis pas éloigné de penser, comme le roi de Bavière, que les jouissances d'art exigent le silence et l'isolement pour être pleinement goûtées. Je voulais donc me pénétrer des grâces de ces tableaux, qui revoient, après un siècle et demi d'exil, leur patrie, et les examiner longuement, sans qu'aucune remarque intempestive, ou du public, ou du sergent prussien préposé à leur garde troublât ma méditation.

A l'aide de quelles intrigues j'obtins cette faveur, ceci je suppose, ne regarde que moi. Qu'il vous suffise de savoir qu'elle me fut accordée et qu'à huit heures précises je franchis le seuil des appartements de Frédéric.

La journée était radieuse. Un rayon de soleil se jouait dans l'or des cadres et dans les soies légères et dans les satins fanés de Watteau, de Pater et de Lancret. J'admirai d'abord la robe rose d'une certaine marquise que l'on aperçoit de dos, dansant le menuet, contre la fontaine de Pégase. Cette robe est d'un coloris délicat; on la dirait usée par le temps; les cassures et le chiffonnement de ses plis apparaissent à travers les petites craquelures de la toile. Et cette robe est vivante; elle n'habille pas un mannequin, elle marche, elle glisse, elle s'envole; et tout ensemble, l'ivresse de la danse et le zéphir la soulèvent... Dans la collection de Potsdam, Terpsichore est abondamment représentée. Ce ne sont que divertissements champêtres, sons de pipeaux, bergers et bergères, Annette et Lubin, trémoussements sur l'herbe, et pas majestueux et nobles, exécutés à l'Opéra par des ballerines en réputation.

Voici Mlle Camargo, peinte par Lancret; un peu de volupté brille dans ses yeux noirs, et rien n'égale l'élégance de sa taille, si ce n'est le charme de son sourire. Elle a le teint bistré des filles de son pays. Ce n'est pas comme Marianne Cochois sa rivale. Celle-là est de chez nous. Elle a des joues de pommes d'api, un menton à fossettes, un nez cordialement fripon, comme les aimait Maurice de Saxe; elle est rieuse, elle a le cœur sur la main; elle est toute ronde et toute bonne. Et certainement l'image qu'a tracée d'elle, le pinceau d'Antoine Pesne est d'une extrême fidélité.

Enfin regardez cette fillette. Quinze ans.... Un bouton entr'ouvert. Elle n'a point cet air de félicité bourgeoise ou de tristesse larmoyante qui caractérisent les héroïnes de Greuze; l'âme inquiète de Watteau palpite sur son visage. Elle s'arrête interdite; et quoique son petit frère, ou son cousin, ou son jeune galant, continue de souffler dans la cornemuse, elle suspend sa leçon. Elle a des che-

La salle d'argent dans le pavillon de l'Allemagne.

veux blonds, une bouche en cerise, un peu de gorge et de la timidité. Et elle se nomme Iris.

> Iris, c'est de bonne heure avoir l'air à la danse,
> Vous exprimez déjà les tendres mouvemens
> Qui nous font tous les jours connaître à la cadence
> Le goust que votre sexe a pour les instrumens.

Antoine Watteau eut le don de devancer l'époque où il vivait et de deviner des façons de souffrir et de sentir qui ne devaient régner qu'après lui. C'est par là qu'il fut poète. Le guitariste de sa *Leçon d'amour*, encore qu'il porte l'habit mordoré de Lélio, n'est pas un contemporain du maréchal de Richelieu ; il ne pratique point de la même façon la galanterie ; un je ne sais quoi de profond et de discret luit en son regard baissé. Il aime !.... Mais il n'aime pas *à la cavalière*.... Et, pour la première fois, un personnage de la comédie italienne éprouve ce sentiment nouveau : la Mélancolie....

Au contraire, considérez, je vous prie, ces baigneuses de Pater, délicieusement absurdes, assises dans leurs falbalas au bord d'un torrent, où elles trempent frileusement leurs pieds nus ; et ce chevalier de J.-F. de Troy qui déclare sa flamme en pressant un bouquet sur son sein. Celui-là n'est pas convaincu. Et celle qui l'écoute, pas davantage.

— Vous êtes à mon gré et je vous désire ! songe-t-il.

— Je vous entends ! répond-elle.

Elle pense aussi :

— Je sais que vous aurez des maîtresses.

— Et vous des galants.

Et tous deux sont parfaitement d'accord. Et leur libertinage, pour être un peu moins grossier, est de même essence que celui des acteurs du *Roman comique* de

Scarron, que le crayon de Pater a marqué d'une touche si spirituelle.

Me trouvant las de cette station prolongée devant les cimaises, je violai la consigne qui défend de se servir des sièges de l'Empereur et m'assis dans un des vastes fauteuils construits pour Frédéric par les soins du fameux ébéniste Melchior Kambly. La décoration en est fastueuse et l'on ne peut lui reprocher que son excès de richesse. Ici comme ailleurs, la légèreté française s'est alourdie en passant par des mains anglo-saxonnes. Mais si ces meubles sont pesants, ils ont du moins le mérite d'être confortables.

Après quelques minutes de repos, je glissai dans ce vague état de béatitude qui précède le sommeil et cessai d'avoir la conscience des choses réelles. Et tout à coup il me sembla que les figures qui étaient sur les murailles s'animaient. La jupe rose de Lancret, les baigneuses et les chasseresses de Pater, le guitariste de la *Leçon d'amour*, et la Camargo, et Mlle Cochois et la jeune Iris vinrent doucement se ranger, avec force révérences, autour de la cheminée. En arrière du cercle, j'aperçus la pourvoyeuse de Chardin, sa ratisseuse de navets et son dessinateur, tous enfants du peuple, et qui n'osaient frayer avec la noblesse, non plus que Ragotin, la Rapinière, le seigneur Destin et Mme Bouvillon, histrions de village, que l'humilité de leur condition tenait à distance respectueuse.

Et ces gens se mirent à jaser. Cela commença par un murmure qui m'emplissait confusément les oreilles; puis les voix se firent plus nettes; elles résonnaient à la manière des notes d'un clavecin, un peu fêlées mais limpides. Il y avait des voix graves, voix de financiers et d'hommes de guerre. Les plus nombreuses étaient des voix de femmes au timbre argentin. Je prêtai une attention soutenue à leurs discours.

Il me parut d'abord que tous ces personnages étaien joyeux. L'allégresse rayonnait sur leur visage. La bonne Cochois en particulier, avait peine à modérer ses transports.

— Eh bien, mon cher marquis, s'écria-t-elle, nous voici donc à Paris. Notre exil est terminé!

Le marquis secoua d'une pichenette deux grains de poudre qui souillaient son habit.

— Le ciel en soit loué! Je commençais à languir dans leur brumeuse Allemagne, où l'on parle si mal le français.

Lélio soupira :

— Les Allemands composent de jolies chansons d'amour.

Un chœur de protestations indignées, l'interrompit..

— Ils font de bien mauvaise cuisine, dit la ratisseuse de navets.

— Ils n'ont pas le mot pour rire, fit le petit dessinateur de Chardin.

La Rapinière ajouta avec une mine dégoûtée :

— Et puis, ils ne boivent que de la bière.

Et l'illustre Ragotin conclut :

— Vive le vin!...

Cependant la conversation effleurait cent sujets divers, selon les usages de la belle compagnie... Mlle Camargo demanda :

— A-t-on des nouvelles de M. de Voltaire? A-t-il accompli heureusement son retour?

A ce moment un grondement retentit et nous vîmes la statue du grand Frédéric, ciselée par Gottfried Schadow, s'agiter étrangement et frapper du pied avec colère... La bonne Cochois ajouta en baissant le ton :

— Ne prononcez pas ce nom. Sa Majesté le déteste. Elle n'a pas pardonné à M. de Voltaire leurs horribles disputes de Potsdam.

— Et que s'y est-il passé, s'il vous plaît?

— Quoi donc, ma chère, vous n'êtes pas au courant de ces histoires?

Mlle Cochois s'apprêta à narrer, par le menu, les derniers potins de la cour. Et je retins ma respiration pour ne rien perdre de son récit.

— Oui, reprit la danseuse, j'étais à Sans-Souci, quand M. de Voltaire y vint sur la prière du roi. Ils s'aimaient alors l'un l'autre. Sa Majesté pressa dans ses bras M. de Voltaire, qui se répandit en protestations de dévouement. Et elle voulut l'installer elle-même dans sa chambre. Ce fut un spectacle sublime de voir ces deux grands génies se prodiguer les marques de l'affection la plus tendre. Que de fois j'ai entendu M. de Voltaire célébrer les vertus de son maître, quand il causait avec M. de la Mettrie.

— Ce pauvre M. de la Mettrie! dit alors Camargo; c'était l'enjouement en personne. N'eûtes-vous pas le chagrin de le perdre?

— Il est mort gaiement, comme il avait vécu, pour avoir englouti un pâté de faisans, farci de lard, de hachis de porc et de gingembre. Et ce même soir, M. de Voltaire lui avait rimé des compliments :

Je ne suis point inquiété
Si notre joyeux La Mettrie
Perd quelquefois cette santé
Qui rend sa face si fleurie;
Quelque peu de gloutonnerie
Avec beaucoup de volupté
Sont les deux emplois de sa vie.

Il ne se doutait pas, tandis que M. de Voltaire lui lisait

ces vers, que la cruelle Parque allait couper les fils de ses jours. Mais je reviens au roi et aux raisons de sa méchante humeur...

Elle se pencha vers sa voisine, afin que leurs propos ne fussent point surpris par quelque indiscret.

— Vous n'ignorez pas que Sa Majesté, parmi cent qualités admirables, est affectée de deux ou trois défauts, dont le plus fâcheux est un certain penchant à l'économie, ses ennemis vont jusqu'à dire à la ladrerie. Du reste, elle a de qui tenir. Vous rappelez-vous ce dîner chez la reine-mère, où la maréchale de Schmettau n'eut à manger qu'une prune confite, tous les plats étant vidés, quand ils arrivaient au bout de la table ? Pourtant le roi traitait honorablement son hôte et lui accordait, outre une pension sur sa cassette, le vivre et le logement, chaque jour de quoi nourrir six convives en dehors du domestique, et, de plus, deux bougies, du thé, du café et du chocolat. Mais M. de Voltaire priait quelquefois dix et douze personnes, et la chère se trouvait être insuffisante. Il le fit observer. Ses plaintes furent rapportées au roi dans une intention perfide. Et d'autre part, on dit au philosophe que Sa Majesté se moquait de lui et qu'elle comptait le renvoyer bientôt, « comme on presse l'orange et l'on en jette l'écorce ». M. de Voltaire, de son côté, feignit de ramasser toutes les bougies du château et de les revendre en disant : « C'est mon sucre et mon café. » Ces mots piquants furent la première cause d'une mésintelligence qui ne fit que grossir par la suite.

Ayant repris haleine, la bonne Cochois poursuivit... Et elle ne craignit pas de parler plus fort, sachant que le roi l'approuverait.

— Ah ! ce M. de Voltaire est un bien vilain homme, malgré ses talents. Il a payé les bienfaits de Sa Majesté de la plus noire ingratitude. Elle lui avait communiqué une poésie où elle faisait, en excellents termes, l'éloge de la peinture :

> Le peintre scrupuleux doit, dans tous ses portraits,
> Imiter le maintien, le coloris, les traits
> Et les effets divers que produit la nature.

M. de Voltaire n'eut-il pas l'insolence, quand il reçut ce morceau, de s'écrier : « Le roi ne se lassera-t-il pas de m'envoyer son linge à blanchir? » Ceci n'était pas pour arranger ses affaires. Mais Sa Majesté se vengea en protégeant M. de Maupertuis et en l'attirant à Sans-Souci. Dès lors, la guerre fut allumée, car M. de Maupertuis a beaucoup d'esprit; il l'a moins profond que M. de Voltaire, mais plus brillant, toujours prêt à la riposte et prompt comme l'éclair. Ils se disputaient tous deux le plus plaisamment du monde. M. de Voltaire avait une revanche aisée, la plume à la main. Mais, parfois, à table, il avait le dessous et devenait fort morose, au grand contentement de Sa Majesté que réjouissaient ces querelles. Un jour que M. de Maupertuis s'était surpassé, il s'oublia à dire dans la satisfaction où il était de soi-même : « Il faut avouer que la soirée a été charmante. » « Je n'en ai jamais vu de si sotte, répondit avec brusquerie M. de Voltaire. » Et la semaine d'après paraissait un atroce libelle qui traînait M. de Maupertuis dans la boue. Sa Majesté s'en montra si furieuse qu'elle exigea que M. de Voltaire lui restituât les croix et les rubans qu'il tenait de sa munificence. Il les lui rendit, en les accompagnant d'un quatrain que vous connaissez certainement :

> Je les reçus avec tendresse,
> Je vous les rends avec douleur.
> C'est ainsi qu'un amant dans son extrême ardeur
> Rend le portrait de sa maîtresse.

En déclamant ces vers, Mlle Cochois avait élevé la voix

et, comme elle en nuançait agréablement les finesses, ils recueillirent d'unanimes applaudissements.

— Ce Voltaire a des grâces que nul autre ne possède, fit observer le marquis...

— On se pâme, dit la marquise.

— Vive Voltaire! dit la Rapinière.

— Et vive le vin! dit Ragotin...

Frédéric le Grand ferma violemment sa tabatière. Et tout ce tumulte s'apaisa...

Et maintenant, ce n'est plus la bonne Cochois qui ressasse les ragots de Sans-Souci. C'est Lélio qui murmure :

— Ame de mon âme, cœur de mon cœur, je t'appartiens comme l'étoile est au ciel, comme Phœbé, dont les rayons amis t'illuminent, est attachée à la terre par des liens mystérieux et puissants. Si tu me parles, ma chair frémit : telles les cordes d'un luth harmonieux, et si tu te tais, si ton regard se détourne, mon sang s'arrête et se fige dans mes veines. Mes larmes coulent de bonheur quand je t'aperçois, elles coulent de douleur quand tu m'es ravie... Oh ! reste avec moi! Égarons-nous sous ces bois ombreux... Allons cueillir la verveine au bord du ruisseau. Et ne crains pas qu'un baiser de moi t'offense. Je ne t'obtiendrai que de toi-même. Je ne suis pas pareil à ces jeunes hommes qui se rient de la pudeur des filles et qui profanent l'amour. Je vivrai, si tu le veux, et, si tu le veux, je mourrai, cœur de mon cœur, âme de mon âme !

— Je t'aime, Lélio, dit Isabelle.

Elle sourit, et témoigne à son amant, par ce sourire, qu'elle le trouve tout de même un peu coquebin... Au fond, elle prise médiocrement sa chanson sentimentale, et si jamais le barbouilleur de Chardin demande à brosser son portrait, je crains fort pour Lélio. Ce jeune peintre est vif comme la poudre. Sa main nerveuse court sur le papier, et son jarret d'acier fait merveille le dimanche, aux Porcherons, quand il entraîne dans la ronde les filles de boutique de la rue Saint-Honoré. La chanson de Paris fleurit sur ses lèvres. Plus tard, il frondera le gouvernement... Il s'appellera Figaro, Ange Pitou. Pour l'instant, c'est un gentil compagnon ardent au travail et au plaisir. Et voilà justement ce qu'il explique à cet âne bâté de la Rapinière, à ce sac à vin de Ragotin... Et comme il est en veine d'impertinence, il s'exclame en désignant le plafond où les rinceaux d'argent s'entre-croisent :

— Cela fait mal à voir, tant c'est neuf. On aurait dû culotter toute cette ferblanterie !

Il ajoute encore :

— Mon Dieu ! que les Français s'habillent mal ! Ils se plantent sur la tête des rouleaux de carton bien ridicules.

Mais soudain, il s'arrête. D'un bond, il a regagné son cadre, ainsi que Ragotin, Lélio, Mlle Camargo et cette bonne Cochois. Et de leurs lèvres un même cri s'exhale :

— LUI !!

Une porte s'est ouverte et refermée avec un bruit sec. Quelqu'un est entré... C'est un homme de quarante ans, à la taille déliée, d'une stature légèrement supérieure à la moyenne. Autant que j'en puis juger, sous son chapeau de voyage, il a les cheveux coupés ras, à l'ordonnance. Une moustache vigoureuse met un accent fauve sur ses joues, et bien qu'on ait cherché à en humilier les pointes, elles se relèvent orgueilleusement. Le nez, comme le menton, est impérieux ; le front développé, en hauteur — signe d'imagination — en proéminence — signe d'audace. Enfin l'œil est remarquable : bleu, largement fendu et, tout ensemble, froid et irritable, enthousiaste et méditatif, résolu à l'action et plein de rêve ; un soupçon de ruse aussi dans son regard, dont l'expression, étonnamment mobile, est impossible à saisir...

Quel est ce personnage? Est-ce un politique? Un philosophe? Un artiste? Est-ce un guerrier illustre? Est-ce un grand comédien?

Lentement, il a traversé la salle. A l'instant où il dépassait la cheminée, j'ai cru remarquer que Frédéric, lui jetait de loin, du bout de son gant de bronze, un petit bonjour familial!...

Chez le Cabaretier d'Auguste Rodin

Donc, l'autre matin, comme je traversais Meudon, l'idée me vint de monter jusqu'au castel d'Auguste Rodin qui s'érige, sentinelle avancée, sur la prochaine colline et d'où l'on jouit d'une vue incomparable sur la vallée de la Seine. Le bon sculpteur n'était pas seul dans son atelier. Un photographe s'occupait de reproduire quelques figurines qui devaient être envoyées le soir même au pavillon de la place de l'Alma.

— Vous connaissez Druet, je suppose, me dit l'artiste ? Il a tiré des clichés superbes de mes œuvres.

Je ne connaissais pas M. Druet ; mais je sentis que les louanges de Rodin ne le laissaient pas indifférent. Il s'en montra tout ensemble radieux et confus. Son teint, naturellement coloré, s'empourpra et ses petits yeux bleus brillèrent de plaisir. Il nous pria de poursuivre notre entretien et de l'abandonner à sa besogne. Et tandis qu'il ajustait son appareil, nous commençâmes à théoriser.

Je ne tracerai pas ici le portrait de Rodin. Il n'est pas d'homme qui ait été peint plus souvent que lui et qui ait davantage passionné la curiosité publique. Depuis quinze ans, il a offert à la critique et au reportage un aliment copieux. Ce qu'on a imprimé sur son compte est proprement inimaginable. Et il a eu le privilège d'être exalté et dénigré immodérément, comme il arrive d'ordinaire aux novateurs. Je voudrais dégager de sa physionomie deux ou trois traits qui n'ont pas été mis suffisamment en lumière et qui achèvent de la rendre intelligible... Beaucoup de gens voient dans l'auteur du *Baiser* un excentrique, habile à « organiser » sa gloire, avide de réclame, affolé d'orgueil. Les autres ne le jugent pas : ils l'encensent ; ils placent le dieu sur l'autel et s'agenouillent, mains jointes; ils se prosternent devant l'idole. Je ne crois pas que le vrai Rodin réponde à aucune de ces images. Il est à la fois plus compliqué et plus simple.

... Il a pris dans son armoire un fragment de sculpture égyptienne. C'est un morceau de pierre qui représente un oiseau aux ailes fermées, au bec robuste. Il l'élève sur son poing — tels les grands veneurs d'autrefois portaient le faucon — et il m'en détaille les beautés.

— Considérez, je vous prie, combien ce corps est léger et souple. L'air gonfle ses plumes. Il va s'envoler. Aucun détail puéril ou gauche ne l'alourdit. Le modelé en est sommaire et cependant rien n'y manque. Le praticien qui l'a ciselé ne s'est arrêté qu'à l'essentiel : la ligne et le mouvement. Faites le tour de ce chef-d'œuvre...

(Il le tourne et le retourne du bout des doigts ; et l'oiseau, effectivement, palpite.)

— Sous quelque aspect que vous l'observiez, par devant, par derrière, par le flanc gauche ou par le flanc droit, il vous donne l'illusion de la vie.

... Et, maintenant, Auguste Rodin m'a conduit au premier étage de sa maison, dans une chambre à demi obscure ; et je suis étonné, en y pénétrant, d'apercevoir çà et là, semées sur le sol, un grand nombre d'aquarelles dont

L'habitation de M. Rodin à Meudon.

quelques-unes sont toutes fraîches. Il les ramasse par poignées; nous les feuilletons ensemble. Et je remarque que ces aquarelles ne sont que des dessins à la mine de plomb, des têtes, des torses, des cuisses de femmes, rehaussés d'un ton de chair et de taches plus foncées pour marquer la chevelure et la floraison du sexe. Lorsque le statuaire est las de manier l'ébauchoir, il saisit un crayon, une feuille de papier et copie le modèle couché à terre ou assis dans un fauteuil. « Prends, lui dit-il, la pose que tu voudras, ou plutôt n'en prends aucune. » Il s'efforce d'apporter à ce travail l'ingénuité des artisans du XIIIe siècle qui faisaient jaillir des saints et des démons des stalles d'église. Quelquefois même il imite leur naïve impudeur et les gestes de certaines de ses figures outragent la bienséance. Mais leurs déhanchements, leurs raccourcis audacieux et qui semblent éclos dans quelque imagination japonaise, témoignent d'une étrange sincérité. Rodin se défend d'avoir inventé quoi ce soit, en dehors de la nature. Il a fixé sur le papier ce qu'elle offrait à sa vue :

— Tous ces croquis résultent d'impressions plastiques nettement perçues, et traduites avec le seul souci d'en dégager la forme expressive. J'ai gardé l'indispensable et supprimé l'inutile.

Évidemment Rodin rapproche, dans son esprit, cette petite femme nue, au buste renversé, aux jambes ouvertes, aux seins raidis, du surprenant oiseau qu'il me montrait tout à l'heure. Et sans doute pense-t-il qu'il existe entre ces objets une secrète et profonde analogie, que son âme peut-être anima un tailleur de pierre du temps de Ptolémée ou de Sésostris...

— Druet, allons déjeuner !

M. Druet a replié son trépied, dévissé son objectif, aplati son soufflet et enfermé ces divers ustensiles dans une valise de cuir verni. Il est sous les armes, prêt à partir.

Et tous trois, nous avons gagné la campagne, dans la direction du fleuve, à la recherche du bateau-mouche qui doit nous ramener à Paris.

Comme nous arrivions au Point-du-Jour, Auguste Rodin m'a dit :

— J'ai eu une enfance et une adolescence assez rudes, comparables à celles des fils d'ouvriers qui sont obligés de se suffire et d'envisager les charges et les devoirs de la vie. Ce qu'il y a en moi de sérieux et de grave vient de ces premières épreuves. Elles m'ont appris à mesurer mes forces. Lorsque j'entrai chez Carrier-Belleuse je fus émerveillé de la virtuosité de cet artiste, dont j'ai conservé, d'ailleurs, un excellent souvenir. Il produisait, en se jouant, des projets magnifiques qui s'amoindrissaient, dès qu'il passait à l'exécution. C'était un virtuose admirable ; il était incapable de rien finir. Et j'acquis cette certitude qu'il est deux races de créateurs, ceux qui s'en tiennent aux apparences et ceux qui vont jusqu'au fond des choses, ceux qui s'épanouissent dans un enfantement rapide et facile et ceux que tourmente la poursuite laborieuse et inquiète du vrai. Les premiers s'accommodent des traditions d'école qui réduisent au minimum leur effort personnel : ce sont des élèves instruits et dociles ; les seconds interrogent avec angoisse la nature. Ils impriment au marbre le frisson qui les agite. Et même s'ils se trompent, leur erreur n'est pas banale ; et je préfère leurs maladresses à la froide et désolante perfection des « forts en thème ». Et voilà pourquoi je déteste l'enseignement officiel des beaux-arts.

Le digne photographe M. Druet buvait et approuvait les

paroles du maître. Cependant les flèches, les minarets, les coupoles du Champ-de-Mars surgissaient à l'horizon. Et Rodin ajouta :

— Il existe encore une autre espèce de créateurs. Ce sont les faux inventeurs, qui s'imaginent avoir forgé de toutes pièces un nouveau style décoratif, alors qu'ils ont déformé, par des transpositions désastreuses, quelques-uns des styles institués avant eux. On ne peut nier que l'architecture ne soit présentement en état de décadence. Est-il rien de plus étroit, de plus mesquin, et qui se ressente plus misérablement de la mode passagère que cet abus que l'on fait en tous lieux des pâtisseries Louis XV, alourdies par l'influence du goût anglais et gâtées par l'influence du goût cambodgien. Regardez, je vous prie, ce pavillon. Les proportions en seraient nobles et le profil assez pur, si une main criminelle n'avait placé au-dessus de la façade ces deux ornements minuscules qui semblent empruntés aux ruines d'Angkor. Le maçon qui s'est avisé de cette combinaison monstrueuse craignait qu'on ne le trouvât pas original. Il a voulu s' « affirmer ». Et il s'est déshonoré...

Le vague sourire qui erre sur les lèvres de Rodin corrige l'extrême dureté de ces propos. Malgré l'apparence, son pessimisme est bonhomme et j'y démêle comme un accent de gouaillerie familière. On n'a pas habité Paris pendant près d'un demi-siècle sans s'imprégner, dans quelque mesure, de l'ironie blagueuse qui caractérise les Parisiens. Rodin n'est pas aussi Parisien que M. Gérôme, mais il l'est... Je vous assure que cette nuance est saisissable pour un psychologue attentif.

Le fidèle Druet a ramassé sa valise de cuir verni, ce qui indique que l'instant du débarquement est proche. Il gravit la berge devant nous et nous introduit en une bou-

La descente du bateau-omnibus.

tique sise à l'un des angles de l'avenue et de la place de l'Alma. Elle est garnie de guéridons de marbre et d'un comptoir en étain. Nous sommes chez un mastroquet, mais chez un mastroquet de la « haute »; le comptoir brille au soleil de mille feux et le marbre des guéridons a des reflets d'agate. Une nappe est dressée contre la fenêtre dans un coin le plus gai du restaurant. Nous étions attendus.... Rodin s'est mis à l'aise. Et l'honorable M. Druet a pris une soudaine assurance. Il interpelle les garçons, il cause avec la caissière, il a positivement l'air d'être chez lui. Et je me demande si je lui dois, ou bien à Rodin, la politesse de ce lunch improvisé, lorsque ces mots inscrits sur la devanture en lettres d'or frappent mes yeux :

M. *Druet successeur.*

C'est M. Druet qui nous reçoit. Ce benoît M. Druet, en qui je ne voyais qu'un photographe ordinaire, est un marchand de vin. Il est le cabaretier de Rodin, le restaurateur de la sculpture moderne. Il se délasse de la limonade par le commerce des arts. Il m'inspirait déjà de la sympathie; désormais, une considération particulière s'ajoute à ce sentiment.

En même temps que les radis, le beurre et les sardines, M. Druet a déposé sur la table une pile énorme de photographies : toute l'œuvre de Rodin, développée par ses soins pieux. Nous nous passons ces épreuves qui sont en effet remarquables de vigueur et de coloris. J'éprouve une réelle jouissance à les contempler et Rodin s'associe à ma joie. Il m'explique l'origine, la conception, l'histoire de chacun de ces sujets. L'honnête M. Druet prête l'oreille à ses discours, ce qui ne l'empêche pas de surveiller le va-et-vient des bocks, et d'avoir l'œil à la terrasse. Il se partage entre ses multiples devoirs d'hôte, de disciple, de photographe et [de cafetier. Et le grand homme

Dans l'atelier de M. Rodin.

continue d'épancher ses anecdotes et ses doctrines :

— J'ai coutume d'accueillir tous les pauvres diables

qui se présentent à mon atelier et se proposent comme modèles. Je ne refuse que les modèles de profession et qui ont contracté de mauvaises habitudes. J'exige seulement de ceux que j'emploie qu'ils ne *sachent pas poser*. Le reste importe peu... Tenez... Examinez ce saint Jean... C'est un inculte et farouche paysan des Abruzzes qui m'en a fourni la silhouette. Il débarquait de sa province. J'eus la chance de le rencontrer dès son arrivée à Paris, avant qu'il se fût égaré rue Bonaparte. Je le plantai devant moi. Je lui dis d'étendre le bras. Et c'était très bien. C'était agreste, sauvage, d'une succulente réalité... Vous savez ma théorie, qui est que la laideur n'existe pas et que ce terme, si communément employé, est vide de sens.

J'assurai à Rodin que ses idées m'étaient connues et je lui récitai sa fameuse définition des trois beautés, la beauté de la vie, la beauté de l'expression et la beauté de la forme.

— Vous y êtes, reprit-il. Partout où la vie circule, il y a beauté. Un jour j'ai reçu la visite d'une vieille italienne échouée sur le pavé de la Ville. Elle avait soixante-quinze ans, et elle mourait de faim. Je lui ai dit de quitter ses vêtements et de s'étendre sur le tapis. Et c'était quelque chose de navrant et de splendide que ce corps émacié, déprimé par la misère, affalé, vaincu... Le voici...

Il me tend une image positivement hideuse, une carcasse de bête affaissée, ventre ballant, chairs molles, seins pendants, pauvres pieds douloureux et meurtris par la fatigue. Et je comprends, en raidissant ma volonté, qu'une sorte de beauté particulière réside en cette épave humaine : c'est la beauté de l'horrible, c'est la beauté de l'Apocalypse. Rodin a vu mon geste d'effroi. Et il s'excite, et il devient éloquent.

— Croyez bien qu'il n'est pas un être, si disgracié qu'il soit, qui ne devienne sublime, dès qu'il est touché par la passion. La volupté emparadise toutes les femmes ; l'amour maternel transfigure toutes les mères. Il y a une minute exacte où la plus affreuse d'entre elles réalise l'absolue beauté. Mais cette étincelle ne jaillit pas du premier coup. Il faut étudier son modèle, vivre près de lui, s'assimiler sa substance...

Le repas est achevé. Rodin s'achemine vers son petit palais de l'avenue Montaigne. Et nous nous disposons à l'accompagner. M. Druet se penche vers moi :

— Il est diablement fort, ce Rodin ! Et dire qu'il n'a pas le sou et que, s'il le voulait, il serait riche !

Une dévotion, une admiration sans bornes éclatent dans la personne du cabaretier, dans sa voix extasiée, dans l'étonnement de son regard et dans la candeur de ses joues roses. Évidemment, de certains côtés, Rodin lui demeure énigmatique. Il ne l'en vénère que davantage...

Rodin est au milieu de ses bustes, de ses groupes, de ses plâtres, monde enfanté par son cerveau, peuple innombrable où tous les aspects de l'humanité se dressent, faces convulsées par l'épouvante, auréolées par l'extase, membres qui se tordent, s'étreignent, ondulent ; blocs rugueux sur lesquels des fleurs délicates ont poussé : Psyché portant sa lampe et soulevant son manteau, Ève s'éveillant à la lumière, et les sirènes jouant dans les vagues. Et c'est encore la femme, la femme immuablement cruelle, luxurieuse et inassouvie, ou bien la femme, au cœur de pierre, que les sanglots n'attendrissent point et qui reste inaccessible aux désirs. Et l'artiste a mis sa coquetterie à établir entre ces figures d'ingénieux contrastes, opposant la suavité à la rudesse et la griserie fuyante du Baiser au farouche désespoir de messires Eustache, Jean d'Aire, Jacques et Pierre de Vissant, bourgeois de Calais!... Il se promène parmi ces ombres, et visiblement il est heureux. Mais son ravissement ne va pas sans un soupçon d'amertume. Me désignant le projet du monument de Victor Hugo :

— Ils l'ont refusé, murmure-t-il.

Puis la gaine enfarinée de Balzac — que surmonte l'éclair orageux de sa pensée.

— Encore refusé... Refusé toujours...

Et Rodin soupire :

— C'est mon destin!

Mais, comme pour railler ces doléances, l'œil de Rodin pétille, sous le binocle. Oh ! cet œil malicieux, circonspect, œil madré du paysan, œil fier et narquois de l'enfant du peuple qui se sent plein de sève et d'énergie!

— Eh quoi! Rodin, vous vous plaignez, alors que le sort vous a comblé de ses plus rares faveurs! Plusieurs milliers de Français proclament votre génie; l'Europe est à vos pieds. Vous avez ce palais à vous tout seul. Vous symbolisez la hardiesse et l'indépendance. Il n'est pas, ici-bas, un artiste raté, ignoré, ou incompris, pas un débutant déçu qui n'invoque votre nom et votre exemple. Vous êtes celui que l'on persécute et qu'on acclame : le Prophète ! Cela ne vaut-il pas un fauteuil à l'Institut?

L'œil est de plus en plus gouailleur... Un contentement intime s'y épanouit :

— Je crois que vous avez raison, m'a dit Rodin...

Le Suédois de Montmartre

— Je vous présente mon compatriote le peintre Forsberg, m'a dit M. Per Lamm, l'éditeur bien connu. Il vous contera son histoire et vous verrez comment on peut devenir Français tout en restant Suédois. Elle est pleine d'événements et d'aventures. Vous ne vous ennuierez pas....

M. Per Lamm nous quitta sur le seuil du pavillon de la Suède pour aller à ses affaires. Et je demeurai seul avec M. Forsberg. Son visage m'inspira tout de suite de la sympathie par un certain air de franchise gaie et robuste qui y régnait. M. Forsberg peut avoir cinquante ans environ, et quoique son poil grisonne, il est jeune d'allure; il a l'œil bleu clair, le teint rose, la forte et haute taille des gens de Scandinavie. Il m'offrit de me guider, parmi les curiosités de son pays, et vous pensez si je fus heureux d'accepter cette obligeante proposition. Nous pénétrâmes dans le petit palais de bois, propre comme un sou neuf, sentant bon le vernis et la résine, et qui évoque les forêts de pin et les barques de pêche de la Baltique. Et d'abord nous avisâmes une villageoise dalécarlienne qui s'occupait à tisser, sur un métier de forme antique, une cotonnade aux tons éclatants, où dominaient la pourpre, le bleu de Prusse et le vert-pomme. M. Forsberg s'approcha d'elle et l'entretien s'engagea. Dès le premier mot, la jeune fille s'épanouit. Il lui était doux d'exprimer quelques idées dans sa langue maternelle. Elle n'était pas jolie et le devint par la joie qui, soudain, rayonna sur sa figure.

— Cette personne n'est pas la première venue, me dit Forsberg. Elle est la propre nièce du fameux Liss Olof Larsson, le fermier-tribun, un des plus puissants orateurs de la Suède. Et la pauvrette ne s'amuse guère à Paris ; il lui tarde de regagner son coin de province.

Il me parut, en effet, que la tisseuse dalécarlienne avait perdu la gaieté qui l'animait tout à l'heure. Elle avait la placidité résignée et un peu morne des bonnes femmes de Pietre de Hoog et de Metzu. Oui elle leur ressemblait étonnamment avec sa face plate et large, ses yeux à fleur de tête, ses cheveux tirés droit sur le haut du crâne et son sourire confit de béguine....

Et tour à tour, M. Forsberg lia conversation avec la brodeuse, la joaillière, la vendeuse de photographies. Puis il me mena voir les deux dioramas qui représentent une nuit d'hiver en Laponie et une nuit d'été à Stockholm. Il m'assura que l'effet en était exactement imité et d'une justesse de ton surprenante.

— L'auteur de ces paysages est mon camarade Tiren qui a passé dix ans de sa vie sous la tente avec les Lapons et qui n'a pas de rival dans l'art de chausser le « sky » et de dégringoler le long du flanc neigeux des montagnes.

— Et vous, monsieur Forsberg ?

— Oh, moi ! J'ai perdu l'habitude de ces sports. Je suis de Montmartre.

Comme midi sonnait à l'horloge prochaine, nous descendîmes à la brasserie et nous nous mîmes en devoir de déjeuner.

Pour faire honneur à mon hôte, je voulus commander

A déjeuner

quelques mets d'une saveur locale et particulière, des harengs suédois, un bifteck suédois. Mais il choisit de préférence aux harengs suédois, du beurre et des radis et me déclara que le bifteck suédois était sec comme la semelle de botte et très inférieur au chateaubriand aux pommes et même à notre navarin national.

— Décidément, lui dis-je, vous avez raison. Vous êtes de Montmartre !

M. Forsberg sourit.

— Je ne vous cache pas que j'aime la Butte plus que tout au monde. Songez que voilà trente années que j'y réside.

Sur ce, l'excellent peintre s'accommoda dans son fauteuil, lâcha les deux derniers boutons de son gilet pour respirer plus à l'aise, lampa un verre de Bordeaux (vainement lui avais-je proposé de remplacer ce vin par l'hydromel ou la cervoise), et il commença à me retracer sa vie.

En 1867, il se trouvait à Upsal et y apprenait le dessin et la sculpture. On lui délivra une bourse de voyage pour l'Exposition de Paris. La somme n'était pas forte, trois cents couronnes, un peu moins de quatre cents francs. Mais un adolescent n'a pas le droit d'être difficile et le plaisir de changer de place lui ferme l'esprit à la voix de la prudence. Forsberg n'avait pas d'autres ressources que ce maigre pécule. Il s'en contenta, il partit. Il débarqua dans la grand'ville qui était, alors comme aujourd'hui, le rendez-vous des plus riches citoyens de l'univers. Au bout d'une semaine, les trois cents couronnes étaient fondues, et le jeune Forsberg échouait sur le pavé, sans appui, sans relations, ignorant de notre langue et de nos coutumes. Il essuya les pires déboires, souffrit les affres de la faim et dut plus d'une fois coucher sous les ponts, attiré par l'insinuante et perfide chanson du fleuve. Il fut heureusement sauvé du suicide par la charité d'une famille dont il devint en quelques sorte le fils, et qui s'ingénia à lui procurer des travaux. Il se maria avec une Suédoise qui n'avait pas plus d'argent que lui. Quand éclata la guerre de 1870, il n'hésita pas à s'enrôler. Il servit dans le même corps que Henri Regnault qui mourut à ses côtés. Puis arriva la Commune....

M. Forsberg traversait un matin la place Saint-Georges. Il tomba dans un gros d'insurgés qui s'apprêtaient à incendier l'hôtel de M. Thiers. Un vieillard s'élevait contre ces violences. M. Forsberg eut la fatale pensée de se joindre à lui. Aussitôt il est saisi, dirigé vers la mairie de la rue Drouot, insulté par les clameurs de la rue.

— Écoutez-moi cet accent !

— C'est un Prussien !

— C'est un espion !

— Qu'on le supprime !

— Fusillez le traître !

— A la lanterne !

Le lieutenant des fédérés qui le menait en prison ne lui dissimula pas que son affaire était bonne. Alors l'innocent Forsberg entra en fureur. Il songeait à sa veuve, à son jeune enfant, à l'effroyable détresse où les plongerait sa disparition. Il sanglota, il cria, il réclama de l'ambasaadeur de son pays.

— Vous êtes réellement Suédois? reprit l'officier d'un ton sévère ? Vous affirmez n'être pas un transfuge des Prussiens !

— Je viens de me battre contre eux.

— Ce n'est pas une raison.

La porte se referma, les verrous grincèrent. Forsberg se crut perdu. Il s'arma de courage et attendit les douze balles qui devaient l'envoyer devant Dieu. La nuit s'écoula et le jour suivant il réclama de quoi manger ; il reçut une écuelle de soupe et s'aperçut avec horreur que des excréments y avaient été introduits par les soins d'un geôlier facétieux. Enfin on consentit à lui rendre la liberté.

— Filez, lui dit le terrible lieutenant, mais, gare à vous si jamais je vous repince!....

Forsberg s'éloigna le cœur battant, la cervelle vide, zigzaguant comme un homme ivre. Et tout à coup, il poussa une clameur d'allégresse, il se sentit le pied léger. Il venait d'apercevoir le Moulin de la Galette. Un sûr instinct l'avait conduit à Montmartre — sa patrie.

— Ces épreuves auraient dû me dégoûter de la France. Eh bien! non! Elles m'y ont attaché. Je l'aime tendrement. Et surtout j'aime la Butte.

M. Forsberg déploie un peu de coquetterie à exprimer ces sentiments. Mais il est sincère, je n'en puis douter, et j'ai remarqué qu'un pleur mouillait sa paupière quand il a parlé du Moulin de la Galette.

Et notre bavardage s'est continué, à bâtons rompus...

— C'est une sorte de miracle que ce *changement d'âme*, poursuit M. Forsberg. Pourquoi, et par quelles influences, suis-je des vôtres? Je ne saurais l'indiquer moi-même. Car la nationalité ne résulte pas d'une inscription sur les papiers de l'état civil. Il faut que quelque chose de profond et d'intime y corresponde. Aux termes de la loi, j'appartiens toujours à la Suède, puisque je n'ai jamais été naturalisé. Et, pourtant, je suis Français jusqu'aux moelles. Une circonstance assez curieuse m'en a donné la preuve.

Il y a dix ans, M. Forsberg fut invité à se rendre à Copenhague. La réputation qu'il avait acquise, le succès légendaire de sa toile, *La fin d'un héros*, que tous les journaux illustrés de l'Europe ont reproduite, inspirait à ses compatriotes le désir de le revoir. Ils l'accueillirent à merveille, organisèrent des banquets à sa gloire, de ces banquets où les toasts se succèdent sans interruption, et que les estomacs du Nord sont seuls capables d'affronter. Notre peintre fut sensible à ces marques d'affection. Mais bientôt il se sentit accablé par une vague mélancolie. Il éprouvait ce qu'on appelle communément le « mal du pays ». Ce Scandinave regrettait Montmartre. On usa de tous les moyens pour le retenir. On lui fit espérer une chaire à l'École des beaux-arts et d'autres faveurs plus précieuses. Il les repoussa. Et son humeur devenait morose. Il perdait l'appétit et le sommeil. Un beau matin il annonça qu'il allait rejoindre son pays d'adoption. Ce fut un concert de protestations indignées parmi ses amis et ses parents. La colère qui les animait les entraîna à médire de la France.

— Qu'a donc ce peuple qui vous attire? demandèrent-ils. Il a des côtés brillants, mais il est vaniteux, frivole et sans réelle générosité.

M. Forsberg n'en put ouïr davantage.

— Je vous défends, dit-il, de calomnier les Français. Ils valent mieux que nous.

Et pour justifier cette sortie un peu rude, il leur narra un épisode de la guerre de 1870 qui précisément lui revint à la mémoire.

— Si je n'avais peur d'être importun, je vous conterais bien cette scène. Elle est sublime!

J'assurai M. Forsberg du grand intérêt que je prenais à son récit. Et tandis que je m'épuisais à découper le bifteck suédois, qui est effectivement le plus coriace des comestibles, il est entré en matière.

C'était dans le dernier mois du siège de Paris. La ville, épuisée, râlait. Elle n'avait plus de quoi subsister. Les habitants se pressaient à la porte des boulangeries et se disputaient d'infâmes croûtons de pain, unique réconfort qui leur restât contre la famine. M. Forsberg se résignait à faire queue, comme les autres, pour rapporter la becquée à ses petits. Il stationnait en soufflant dans ses doigts à l'angle de la rue Notre-Dame-de-Lorette et de la rue des Martyrs. Des femmes étaient debout, les pieds dans le verglas, hâves et transies. L'une d'elles attira son attention, non certes par sa beauté. Elle avait des traits virils, des membres épais et lourds, une carrure de gendarme; elle tenait dans ses bras un nourrisson qui poussait de faibles plaintes. Elle chercha à l'apaiser par quelques mots caressants. Ses voisins dressèrent l'oreille et des murmures coururent dans la foule.

— Avez-vous entendu cette mangeuse de paille?

— C'est une Allemande.

— Que vient-elle faire ici?

— Elle en a du toupet!

— Renvoyons-la chez Bismarck...

A ce moment de sourdes détonations retentirent. Le sol frémit. Une pluie de projectiles volait dans les airs, vomie par les batteries prussiennes. Et les protestations et les gestes et les regards se croisaient, toujours plus menaçants, autour de la malheureuse. Mais un homme se dressa et d'une voix grave, il prononça ces paroles :

— Cette femme souffre, elle est mère et veut nourrir son enfant. Nous n'avons pas autre chose à lui demander. Mes amis, écartez-vous. Qu'elle passe la première!

Nul n'osa résister à cette injonction. Obéissant à un même élan mystérieux, les gens s'effacèrent devant l'Ennemie. Elle pénétra dans la boutique, elle en ressortit sans qu'un cri hostile eût jailli de cette haie humaine, où fermentaient pourtant d'âpres rancunes. Et le bombardement continuait. Et ce recueillement funèbre n'était troublé que par le sifflement des obus et par les grondements lointains de l'artillerie.

— Vous me croirez si vous voulez, cher monsieur. Il y avait tant de noblesse dans ce spectacle que j'en fus bouleversé. Je pleurai à chaudes larmes. Et je compris pour la première fois que la France est le plus grand et le plus chevaleresque des peuples. Et voilà pourquoi je suis Français...

J'ai serré, par-dessus la table, la main de M. Forsberg. Quelques touristes qui déjeunent près de nous considèrent avec surprise ces effusions fraternelles. Une jeune miss, chapeautée de gaze blanche et vêtue d'une robe à petits pois écarlates, échange avec son père — respectable gentleman — des observations dont nous sommes visiblement l'objet. Que nous importe! Ces barbares ne soupçonnent pas ce qu'il y a d'enthousiasme et de ferveur dans l'âme d'un Parisien et d'un Suédois qui viennent de se découvrir compatriotes...

Il paraît que nous avons manqué la visite du roi Oscar. Pendant que nous devisions au restaurant, il s'est promené sur nos têtes, dans le pavillon. M. Forsberg me vante les vertus du souverain qui lui a prodigué, en mille occasions, les marques d'une auguste bienveillance.

— On va lui montrer les théâtres, les musées, les merveilles de l'Exposition; il connaîtra tout de Paris, excepté ce que Paris a de plus charmant.

— La Butte!

— Oui, la Butte!... Elle est incomparable. Du toit de la maison que j'habite, rue Cauchois, j'embrasse un panorama immense. Il est ondoyant comme la mer, tantôt brumeux et tantôt limpide. C'est le matin que la ville est belle! Ses monuments émergent confusément des nuages. On dirait de monstrueux récifs à demi noyés dans les flots. Puis le soleil monte à l'horizon. Le rideau

Le Pavillon suédois. — Ouvrières et ouvriers au travail.

se déchire, laissant quelques lambeaux accrochés aux flèches des églises, au vaisseau de l'Opéra, aux piliers de l'Arc-de-Triomphe. Les ors, les ardoises, les pierres, les marbres étincellent... Quelle splendeur! Ah! si Sa Majesté daignait gravir à l'aube les rampes de la rue Lepic! Elle ne regretterait pas l'ascension...

Nous sommes parvenus, en bavardant, sur la terrasse que l'architecte a ménagée contre la berge de la Seine. Des sièges d'osier, des rocking-chairs y sont installés, et c'est un délice de s'y asseoir, en regardant le prodigieux amas de palais, de minarets, de coupoles qui se profilent sur les deux rives, entre le Trocadéro et le pont de la Concorde. Après avoir joui de ce coup d'œil, le bon peintre a poursuivi son panégyrique :

— En Suède, en Norvège, les paysages n'ont pas, comme ici, ces demi-teintes enveloppées qui leur communiquent tant de poésie. Les contours en sont précis et secs, d'une pureté, d'une froideur implacables. Point de ces gris vaporeux, de ces atmosphères indécises, qui prêtent une palpitation de vie aux choses inanimées... Tenez... Est-ce assez joli?

Et je conviens que le fleuve a des aspects adorables et je comprends qu'un artiste en soit épris...

Nous avons parcouru, une fois encore, le rez-de-chaussée du pavillon. Tout y respirait la paix et l'ordre. La brodeuse brodait, la joaillière ciselait ses anneaux d'argent, la petite tisseuse tissait ses étoffes et poussait la navette d'un geste un peu las. Elle rêvait aux hameaux de Dalécarlie.

— En voici une qui n'est pas, comme vous, acclimatée.

Et M. Forsberg m'a répondu :

— Je lui ferai voir Montmartre!...

« Toute la France »

(SONGE D'UNE NUIT D'ÉTÉ).

Comme je passais hier, à la nuit close, sur le quai d'Orsay, mon attention fut attirée par un concert de voix et d'instruments de musique, qui semblait s'échapper d'un magnifique jardin. Paris, maintenant, est une immense fête, et nos palais nationaux rivalisent de coquetterie pour honorer royalement les visiteurs que le monde leur envoie.

La grille de ce parc s'étant entr'ouverte, je m'y glissai indiscrètement et soudain je m'arrêtai, saisi par la nouveauté d'un très surprenant spectacle.

Au milieu d'une salle, construite en planches légères, dans le goût du dernier siècle, quelques personnages étaient assis, parmi lesquels je crus reconnaître des poètes, des compositeurs, des peintres de l'Institut, le profil impérieux et fin de M. Sardou, la toute cordiale silhouette de M. Henri de Bornier, le visage méditatif de M. Sully Prudhomme, et notre cher Massenet, et notre noble Saint-Saëns, et M. Albert Carré, et M. Charrier et dix autres encore, dont je ne pus discerner les traits. Ils entouraient le maître de céans et échangaient, avec lui, des paroles qui ne parvenaient pas jusqu'à moi. Celui-là, il n'est pas besoin de le peindre. C'est le plus jeune, le plus séduisant et non le moins sage des grands magistrats de la République.

Bien souvent je l'avais vu, dressé au-dessus de la tribune du Palais-Bourbon, et jetant dans les débats parlementaires d'éloquents et infructueux appels à la modération, à la concorde, à l'union des Français. Son long commerce avec les députés lui a appris la philosophie. Par ce beau soir d'été, il avait l'air tout heureux ; sa main se reposait d'agiter la sonnette présidentielle, il causait librement avec ses hôtes. Et déjà, je m'approchais pour jouir du charme de leur entretien. Mais, à ce moment, le chef d'orchestre leva son bâton. Je me blottis dans mon petit coin.

Et voici ce que j'aperçus sur la scène, où défilaient des théories de comédiennes et de danseuses.

Un décor de rêve représentant les bords de l'Océan en Bretagne. Le soleil se couche à l'horizon. Au loin, sur les flots calmes, glissent lentement des voiles. Une paysanne module la chanson plaintive que les filles de Paimpol murmurent aux épouseux pour leur inspirer l'amour et insinuer dans leurs veines une molle volupté :

> Mon ami Pierre, laisse ma main,
> Je ferai seule le chemin.
> Nul ne prend garde aux oiseaux du bon Dieu,
> Mais on médit des amoureux.
> Mon ami Pierre, laisse ma main,
> Je ferai seule le chemin.

Cependant un joyeux tumulte interrompt la mélodie. De gentes commères accourent, parées de leurs habits du dimanche. Et ces habits ne sont pas indifférents, chacun d'eux exprimant par sa forme et sa couleur la physionomie d'une province. C'est la Picarde à la jupe retroussée, c'est la Normande aux bras nus, et l'Arlésienne, et la Flamande, et celle du Maine au teint de pêche, aux chairs bien nourries. Et elles accostent la petite Bretonne mélancolique et elles lui révèlent leurs projets. Elles se rendent à Paris où d'admirables fêtes sont préparées :

— Suis-nous, disent-elles.

Mais la Bretonne secoue la tête, elle est trop attachée à la terre natale; le luxe des citadines est impuissant à l'en arracher. Alors, pour la décider, la Normande élève la voix. Cette Normande est futée, elle sait la manière de prendre les gens ; elle commence par éblouir sa sœur, en lui décrivant les « Fontaines lumineuses » :

Et le soir, empourprant tour, pagode, chaumière,
L'eau jaillit des bassins, en gerbes de lumière.

« Et non seulement, ajoute-t-elle, tu contempleras ces merveilles. Tu verras aussi des cathédrales, des églises, le Panthéon, où la gloire de sainte Geneviève est exaltée, et les Invalides, où sont rangés les étendards enlevés à l'ennemi. » Déjà la Bretonne est plus attentive. Elle hésite entre le plaisir d'accomplir ce voyage et la crainte d'y gaspiller ses économies. Les villageois de France ont le culte de l'épargne, et c'est leur principale vertu. Mais l'insinueuse Normande pressent l'objection. « Nous ne resterons pas longtemps à Paris, s'écrie-t-elle. Et nous travaillerons avec plus de courage après cette heure de dissipation. »

Comme nous aurons dû, la chose est très certaine,
En l'honneur de Paris, vider nos bas de laine,
Il faudra de nouveau les remplir, mes enfants...
En venant d'admirer ces travaux triomphants,
Revenons au devoir paisible, à l'humble ouvrage.

La Bretonne n'y résiste plus. Elle se laisse enrôler. Et, bras dessus, bras dessous, les provinces s'acheminent vers la capitale. A tous les coins de route leur troupe grossit. Quelle est cette superbe fille aux yeux rieurs, aux dents éblouissantes, poing sur la hanche, fossette au menton, et, qui ressemble étonnamment à Mlle Jeanne Granier? Ne serait-ce pas la succulente et l'honnête Auvergne? Elle esquisse un pas de bourrée; elle souligne de gestes expressifs la *Mère Bontemps*, vieille chanson de terroir. Mais bientôt un chœur formidable étouffe son galoubet; ce sont les Cadets de Cascogne, à qui le monde appartient, depuis Cyrano de Bergerac. Ils entonnent la *Toulousaine* ; et c'est un délice d'ouïr cet hymne d'orgueil, tonitrué par leurs organes de bronze. Que n'es-tu là, bon Falguière, toi qui le déclamais avec une ardeur si véhémente !

O mon pays, ô Toulouse chérie,
J'aime tes fleurs, ton climat enchanteur.

Mais un baryton de perdu, dix de retrouvés. Et l'ingénieux et actif Albert Carré a découvert aisément dans son théâtre un fils de la Garonne capable d'exalter d'une façon chaleureuse la ville de Clémence Isaure :

Que je suis fier de tes académies,
Des monuments ornant notre cité,
De ton renom et de tes poésies
Et de ton chant par les siècles vanté !

Ainsi, le Languedoc se mobilise. Il arpente les routes, en retroussant ses moustaches d'un geste vainqueur, et charme la monotonie et la lenteur des étapes par des refrains gaillards. Il est bien un peu fatigant; son exubérance étourdit les voyageuses ; mais elles l'aiment, au fond, et volontiers le prennent pour guide. Celles qui ne le suivent pas s'égarent. Oui! trois petites femmes se sont perdues, pour s'être éloignées de lui.

Quelles sont-elles ? Je ne puis l'indiquer expressément.

Est-ce la Tourangelle, la Limousine, la Nivernaise ou bien la Béarnaise, ou la Poitevine, ou la Mancelle? Toujours est-il que les pauvrettes, ayant erré pendant deux jours à travers champs, arrivent en une contrée où tout, — êtres et choses, — les déconcerte.

La nature y est aimable, et cependant âpre et sévère. Point de forêts onduleuses, point de prairies verdoyantes. Des montagnes aux flancs rudes, mais présentant des lignes pures et d'une étonnante majesté. De blanches routes, des hameaux bâtis au temps des Sarrasins et brûlés par le soleil, de poudreux oliviers au feuillage grêle. Et s'exhalant des ornières, du creux des sillons, des murailles lézardées, et filant droit vers l'azur, le murmure implacable et jamais las des cigales. Et quand la lune se lève, les cigales s'assemblent, et, sans cesser de chanter, elles décrivent des rondes et des farandoles que M. Massenet a pris la peine — est-ce la peine qu'il faut dire? — de noter et de rythmer à leur intention. Nos vagabondes observent ces jeux avec ravissement. Mais des accents étrangers frappent leur oreille. C'est comme une volupté, comme un désir qui les caresse:

O Magali, ma tant amado,
Me te la teste au fenoustroun,
Escouto un pau a questo aubado
De tambourin et de viouloun.

Et elles s'interrogent. Quelle est cette langue mystérieuse, aussi sonore et moins dure que l'espagnole, aussi souple et moins fuyante que l'italienne? Quel est le peuple qui vit en intimité avec les cigales et se nourrit d'olives, et mène paître ses troupeaux sur les plateaux élevés? Sont-ce des Grecs de Théocrite, ou des Latins de Virgile, ou des pasteurs nomades qui transportent leur patrie aux lieux où leurs tentes sont plantées? Alors un berger s'avance...

Je le connais, ce berger... Il s'appelle Œdipe, il s'appelle Oreste, et Joad, et Polyeucte. Il a remué les pierres du théâtre d'Orange et en a fait jaillir, après deux mille ans de léthargie, le frisson de la tragédie antique. Les plaintes de la mer, les clameurs de l'orage passent dans sa voix, qui sait aussi traduire les suavités et les tendresses. Il explique aux voyageuses pourquoi la Provence et la France sont unies, et que la Provence c'est la France encore... Et dans les vers qu'il récite circule une sève généreuse. Quelqu'un de là-bas les a écrits, M. de Bornier, sans doute, à l'ombre des châtaigniers de son *mas*. Et vraiment un souffle les soulève, un bruit d'ailes y palpite. Le gentilhomme campagnard a senti frémir sur sa lèvre le cor de la *Fille de Roland* :

Oui, terre de héros, mais aussi de poètes,
Aigles du mont Ventoux, bouvreuils des bois, mouettes
De nos lacs, rossignols de nos verts tamaris,
N'est-ce pas, n'est-ce pas que vous avez appris
Le doux nom de la France à la plaine, à la grève,
A la ville où l'on chante, au désert où l'on rêve?
N'est-ce pas que de nos fleuves et de nos monts
Sort et grandit ce cri tendre et fier : Nous l'aimons!
C'est notre idée à tous, vieillards ou jeunes hommes,
Tels nos pères étaient, tels à jamais nous sommes.
Nos voix, nos vœux, nos cœurs, aux vôtres sont mêlés
Vous, voyageurs, allez le dire où vous allez!

Tandis que je griffonne à la volée ces magnanimes alexandrins, où Mounet-Sully ajoute son souffle puissant et qui vibrent dans le silence de la salle recueillie, les provinces ont repris leur ascension. Une « galère fleurie » les attend sur la rive avignonnaise. Elles remontent le Rhône, accompagnées en sourdine par M. Th. Dubois, qui sait être, lui aussi, du Midi quand il le faut. Panorama féerique, que n'oublient pas les pèlerins du « Bayreuth Français », Bourg-Saint-Andéol, Valence abondante en orateurs, Tournon aux platanes séculaires, et Vienne, et la cité lyonnaise, figée dans ses brumes...

Vous conterai-je la suite de cette odyssée? Aussi bien n'est-ce pas un drame de l'Ambigu? Elle vaut par l'éclat du costume, la virtuosité et la verve des acteurs, et surtout par le large sentiment qui s'y attache.

La nation entière se lève et marche sur Paris, non pas comme autrefois pour le menacer ou le réduire, mais pour lui apporter le tribut d'une affection fraternelle et des dons plus positifs : le miel de sa ruche, le blé de ses granges, le vin de son cellier... De toutes parts, les paysans se pressent : laboureurs, vignerons, le Jurassien aux jarrets de fer, et le Bourguignon salé qui rime, après boire, des couplets où tintinnabulent les verres et les flacons :

Son sol en collines ondule
Comme un furieux océan,
Mer dont chaque flot s'intitule :
Nuits, Chambertin, Vougeot, Saint-Jean.

Enfin le cortège est au complet; il s'avance, imposant et pittoresque et soulevant les acclamations du peuple. Les provinces de France arrivent sous les murs de Paris. Et la cité colossale leur témoigne, en termes délicats, sa gratitude. Elles sont là, toutes ensemble, le soleil et le brouillard, le rire et les larmes, l'insouciante Touraine et la Lorraine pensive. Sur leurs fronts flottent les plis du pavillon tricolore, et elles écoutent, le sein palpitant, la prunelle humide, ce que leur dit la Grand'Ville :

Entourons ce drapeau, mes sœurs, dressons nos âmes
Avec cet héritier d'illustres oriflammes
Que, pour le suivre au ciel et pour l'y déployer,
Le siècle qui descend lègue au siècle qui monte,
Ainsi qu'au nouvel an se rassemble et se compte
Une antique famille autour de son foyer.

Les strophes jaillissent; l'âme exquise de M. Sully Prudhomme s'y épanche. Et peu à peu leur émotion me pénètre. Je perds le sentiment des réalités. Cette déesse, harmonieusement drapée, ce n'est plus Mlle Bartet, c'est un symbole, c'est le cœur et le cerveau du pays. Vingt siècles de grandeur et de misère vibrent dans sa voix ; son regard s'éclaire des lueurs de l'avenir. Ces femmes, rangées près d'elle et vêtues d'étoffes brillantes, ce ne sont pas les jolies actrices de nos théâtres, ce sont les forces mêmes de la patrie, ses ressources innombrables, ses traditions, ses instincts, ses qualités solides et l'aimable vivacité de son esprit, son ferme bon sens et sa gaieté naturelle.

Et ne me demandez pas si la pièce que j'ai entendue, de loin, par surprise, est bien construite, ornée de mots piquants et de beaux vers. Je suppose qu'elle possède ces mérites, puisqu'elle a été composée et mise au point par les maîtres de la scène. Mais sans doute n'est-ce pas par là qu'elle nous touche. Il n'est rien de plus banal que la munificence quand elle n'est pas au service d'une idée. Le Palais-Bourbon a vu des fêtes merveilleuses, dont le seul nom du duc de Morny suffit à rappeler le souvenir. Celle de demain est revêtue d'un caractère particulier. Elle offrira aux spectateurs qui y seront conviés le tableau d'une France heureuse et pleine d'amour, exauçant ainsi le secret désir de tous les bons citoyens. Sous ces lambris où l'on jouait naguère *M. Choufleury restera chez lui* — un vaudeville — on jouera la *Ville de Paris restera chez elle* — une épopée — due à l'initiative de M. Paul Deschanel, et à la collaboration des plus éminents artistes de l'Institut, qui ont voulu lui montrer qu'ils comprenaient et approuvaient son dessein. Le temps n'est plus aux balivernes comiques ni sentimentales. Dans les divertissements, en apparence des plus frivoles, il est salutaire d'introduire un grain d'idéal. Cela donne à réfléchir aux braves gens. Et puis, cela ne fait de mal à personne.

Quand j'ai regagné le quai d'Orsay, minuit sonnait au beffroi voisin. Le ciel était splendide ; des millions d'étoiles illuminaient ses profondeurs bleues, dont aucun nuage n'altérait la limpidité. Le fleuve coulait paisible. L'Exposition dormait. Une brise tiède et bienveillante berçait son sommeil. Et vraiment la douceur de vivre était partout épandue. Mais, à cet instant, j'aperçus devant moi la colonnade dorique de la Chambre des députés. Et la vision des violences qui s'échangent en ce séjour et des tempêtes qui s'y déchaînent me revint à la mémoire. Mon optimisme fut ébranblé par ces images intempestives...

Oui, je souhaite que les étrangers illustres qui ont assisté à de récentes séances du Parlement aillent contempler, tout à côté, l'évocation d'une France indissoluble et prospère. La noblesse de ce spectacle ne leur échappera pas.

La cuisine de Louis XVI

C'est un délicieux bijou ciselé par Caffieri et qui figure à l'exposition rétrospective des jouets. M. Léo Claretie m'a vivement pressé de l'aller voir. Vous savez que cet aimable confrère se multiplie et que non content d'écrire des livres d'imagination, de commenter les classiques à l'Odéon, les poètes contemporains à la Bodinière, de juger les livres nouveaux et les pièces de théâtre, il s'occupe encore de fureter chez les collectionneurs et de cataloguer leurs richesses. Romancier, conférencier, historien, chroniqueur, il est proprement universel. Quand il m'apprit qu'il avait réuni un certain nombre de ces colifichets qui servent, depuis l'origine du monde, à l'amusement des enfants, je n'en fus pas étonné. Et s'il m'avait dit qu'il avait retrouvé les robes de Peau d'Ane et les pantoufles de Cendrillon, je ne l'eusse pas été davantage, car je le crois capable de bien des choses.

Donc, je m'empressai de me rendre à sa convocation. Il s'occupait de ranger dans des vitrines des bibelots délicats qu'il maniait avec précaution. C'étaient des marionnettes, des poupées, des carrosses attelés de chevaux gris pommelés au col et à la croupe arrondis et conduits par des cochers de belle mine... C'étaient encore la Vierge Marie, saint Joseph, l'enfant Jésus, le bœuf et l'âne, parfaitement imités et vêtus d'étoffes somptueuses dans le goût des primitifs hollandais ; et des appartements garnis de tous les meubles nécessaires à la vie, un salon, où des dames en visite se faisaient des révérences, un boudoir contenant la psyché, la chaise longue, les atours et les grâces de Mme Récamier; une chambre du style Empire le plus pur, et digne de loger Napoléon en personne. Oh! l'amour de petite chambre! On en aperçoit de semblables en province, dans les vieux hôtels qui n'ont point rafraîchi leur mobilier. Lits-bateaux, soutenus par des cornes d'abondance, dossiers de fauteuils en forme de lyre, canapés droits, guéridons de marbre, velours usés et décolorés, et sur la cheminée une pendule d'albâtre, et des renommées ailées, aux draperies flottantes, aux ailes éployées, debout, les pieds joints, soutenues par des sphères de bronze et soulevant au bout de leurs bras tendus un candélabre à deux branches...

— Et la cuisine de Louis XVI? demandai-je à mon guide.

... Il me montra un éléphant mécanique que Vaucanson avait édifié de ses mains et m'assura que ce pachyderme était le plus spirituel du monde lorsqu'il se mettait en mouvement. Puis il m'arrêta devant une figure de cire, modelée par quelque élève du fameux Benoît, qui eut tant de succès à la cour de Louis XVI et gagna une fortune à mouler la tête des grands seigneurs d'une façon qui leur fût avantageuse... J'ignore si cette poupée, précieusement conservée sous verre, représente une marquise, une duchesse ou une princesse du sang, mais les ajustements dont elle est parée ont été cousus par Mlle Didot, belle-sœur de Bernardin de Saint-Pierre. Un tel nom nous commande le respect. Cependant mes yeux explorent les vitrines et y cherchent vainement le chef-d'œuvre de Caffieri.

— Patience, patience!...

Léo Claretie m'énumère les jeux de hasard et de combinaison dont nos grand'mères furent friandes. Voici le trou-madame, révérence parler, qui prêtait à d'équivoques plaisanteries et que les rougissantes pensionnaires maniaient d'un doigt curieux, défiant et sournoisement interrogateur. Voici des cartes, destinées à instruire la jeunesse, en lui procurant un délassement agréable. Les principaux événements de l'histoire y apparaissent gravés au burin avec ce soin d'élégance et de mesure qui n'appartient qu'aux artistes du dernier siècle. Enfin, voici les innombrables jeux dérivés du jeu de l'Oie : le Jeu de l'Amour, le jeu de la Constitution, le jeu des Cris de Paris, le jeu des Bons Enfants, vivant en dehors des intrigues de la vie, et le jeu de l'Hymen qui doit avoir pour auteur un philosophe. Ce jeu renferme, en effet, une série de tableaux, qui résument excellemment les joies et les déceptions du mariage. Avant d'atteindre le but, qui est la Fidélité Conjugale, que d'étapes à franchir! Les premières sont plutôt récréatives. C'est la Vue de l'objet aimé, la Surprise, la Confiance, un instant troublée par les Soupçons et le Désespoir, mais bientôt rassérénée; puis les Rivaux ayant été bannis, c'est la Conversation, le moment des Caresses, l'Attente du Bonheur et de l'Ivresse partagée! Mais dès que l'on a touché ce rivage, l'on revient sur ses pas, et l'on passe par de bien vilains endroits : les villages de Monotonie, de Lassitude, de Méchante Humeur, d'Injustice, de Frivolité. Ces lieux sont arrosés par le fleuve Ingratitude, qui se perd, après de trop longs détours, dans la mer d'Indifférence. Et nous croyons que le symbolisme est une imagination moderne! Nous n'avons rien inventé...

Tout cela ne remplace pas la cuisine de Louis XVI.

Je la découvre à la fin de ma promenade, M. Léo Claretie l'ayant gardée pour la bonne bouche. Elle n'est pas immense, cette cuisine, et c'est tout au plus si elle mesure dix pouces carrés; mais les détails en sont ravissants. Elle est bâtie en cuivre ou en argent doré, entourée d'un réseau de fleurettes, glycines, jasmins et roses sauvages; au sommet, sous les pieds de Cupidon, est une montre dont le cadran semble avoir été réparé avec gaucherie. A l'intérieur de l'édifice règne la plus louable activité; le feu flambe dans l'âtre et rôtit un poulet aux chairs dodues. Et tandis que la broche tourne, deux chiens se grattent les puces, et Lisette ou Nanon, la fille de céans, interrompt sa besogne pour recevoir de Colin une cage où, tendrement, des ramiers roucoulent. Il ne manque à cette scène qu'une Ariette de Jean-Jacques :

J'ai perdu tout mon bonheur,
J'ai perdu mon serviteur...

Le Dauphin appréciait-il le galant caractère de ce joujou que le ciseau de Caffieri accommoda à son intention? Il n'avait pas l'âme ouverte aux fariboles; et ce qui l'intéressa le plus dans sa cuisine, ce fut apparemment de vérifier par quels moyens le poulet en porcelaine de Saxe se mouvait devant la flamme. Lorsqu'il en eut démonté et remonté les rouages, il se dégoûta de la petite merveille. Elle fut reléguée quelque part dans les combles de Versailles et n'en sortit qu'aux jours de la Terreur. Pendant que Louis XVI portait sa tête sur l'échafaud, un bourgeois obscur achetait pour cinq ou six écus la précieuse babiole dont son enfance avait été égayée. Et c'est ainsi

La cuisine de Louis XVI.

qu'après cent cinquante ans écoulés, M. Léo Claretie a pu recueillir chez Mme Lelong, dans un antique immeuble de la cité, proche Notre-Dame, la cuisine du Dauphin.

On la lui a obligeamment confiée. Mais tous les amateurs ne sont pas doués de ces dispositions bienveillantes. Il en est qui sont avares de leurs biens et veulent en conserver la jouissance égoïste. L'autre soir, je dînais chez un homme de lettres de mes amis, qui possède des manuscrits et des documents d'une assez grande rareté, se rapportant à l'époque révolutionnaire. Je le priai de me laisser photographier une de ces pièces, et j'essuyai un refus tout sec, dont j'éprouvai d'abord une secrète offense. Et puis je réfléchis que cet illustre écrivain m'aimait, que je n'avais pas le droit de douter de son affection, mais que j'avais eu le tort de la soumettre à une trop rude épreuve; et je l'estimai davantage pour avoir résisté au désir qu'il avait certainement de m'obliger. Il me prouvait de la sorte la violence et la sincérité de sa passion qui ne pouvait entrer en balance avec aucun autre sentiment. Il n'y en a qu'un qui désarme la jalousie ombrageuse de certains collectionneurs, c'est la vanité. Ils sont heureux d'exciter l'étonnement et l'envie des gens qui passent... M. Léo Claretie a ingénieusement exploité cette faiblesse. A chaque objet, il a joint une étiquette affichant en lettres moulées le nom du prêteur. Encore ces précautions sont-elles insuffisantes. Des mécontentements, des froissements se produisent. Tandis que nous devisons, une jeune femme surgit, agitée, fiévreuse, et interrompt notre entretien.

— Vraiment, s'écrie-t-elle, Juliette étouffe dans son coin. Vous ne lui avez pas donné assez de place!

Elle nous entraîne vers un angle de la salle et nous désigne l'infortunée Juliette — une poupée — qui se trouve effectivement assise à l'étroit sur son fauteuil pompadour, entre une commode qui lui brise la rotule et un lustre qui l'éborgne.

— Jugez vous-même, c'est affreux!... Donnez-moi la vitrine d'à côté.

Mais la vitrine d'à côté n'est pas libre. Elle est remplie par un mobilier complet provenant de la succession d'Agar, la tragédienne, qui adorait les poupées. Et l'on ne saurait le déménager sans outrager les mânes de cette éminente artiste. M. Léo Claretie s'efforce de convaincre la mère de Juliette. Elle résiste à ses avis insinuants. Elle se fâche :

— Si vous croyez qu'il est joli, le *punaisier* de Mme Agar!...

Et la mère de Juliette s'en va, furieuse. C'est comme au Conservatoire. Elles exigent que leurs filles « exposent » au premier rang...

Bien pauvres, bien médiocres sont les jouets d'aujourd'hui, lorsqu'on les compare aux jouets d'autrefois. La matière en est commune, la fabrication hâtive. Il faut dire que les pantins et les catins en carton, qui servaient aux enfants du peuple, ont été détruits, et que la plupart des bibelots qui sont venus jusqu'à nous furent payés, à l'origine, un grand prix. Et ceux-là, on n'en fait plus. On a perdu l'habitude d'offrir des poupées de 20 et 25,000 livres et des théâtres machinés comme le théâtre de Louis XIV, qui en coûta 35,000 et exigea plusieurs années de travail pour être amené à son point de perfection. Tout se nivelle en notre démocratie, et le fils du ministre et le fils de l'artisan ressentent le même plaisir à casser le même polichinelle... D'ailleurs, un ouvrier parisien, habile de ses doigts, peut introduire autant d'esprit dans un objet de deux sous que dans un objet de cinq cents francs.

Vous n'êtes pas sans avoir remarqué sur les boulevards, aux environs de Noël, ces automates qui éveillent la sympathie et les rires de la foule; le violoniste, le cireur de bottes, le faucheur, le pêcheur à la ligne, et Mme Pipelet lavant son linge. J'ai retrouvé ces personnages à l'Exposition. Ils sont rangés sur une estrade en miniature, où ils exercent fraternellement leur industrie.

— Je veux que vous connaissiez l'inventeur de Mme Pipelet, m'a dit Léo Claretie. C'est un homme de génie. C'est un poète, Fernand Martin.

M. Fernand Martin s'était fait, ce jour-là, remplacer par son fils, qui est son élève et son collaborateur. Je le complimentai sur la physionomie de ses figurines qui égalent pour le naturel celles de Vaucanson et les surpassent en simplicité. Il parut touché de de mes éloges :

— Songez, s'écria-t-il, que depuis vingt ans mon père s'épuise à combiner ces morceaux de fil de fer et à leur imprimer l'apparence de la vie. En 1879, il exécuta son fameux poisson nageur, puis les duellistes, puis les joyeux danseurs, puis le moulin à vent, puis, en 1889, les pousse-pousse. Je vous cite ses plus glorieuses créations. Tous les trois mois, nous en faisons sortir une nouvelle. Nous n'avons pas le temps de respirer.

Il prit sur la table un de ses bonshommes, le retourna avec délicatesse, retroussa sa blouse et commença d'en analyser le mécanisme :

— C'est en voyant manœuvrer un fermier à la campagne que l'idée nous est venue de composer ce faucheur. Il s'agissait de rendre la précision de son geste, la lourdeur de sa démarche, d'imiter simultanément le balancement du torse, le va-et-vient de la faux et la progression des pieds sur le sol. Le public ne s'intéresse qu'à ce qui est scrupuleusement exact. Il cherche l'illusion. Aussi ne confond-il pas nos produits avec les plates copies de l'industrie allemande qui nous dévalise, monsieur, comme au coin d'un bois.

J'arrêtai M. Martin sur cette pente et lui rappelai qu'il n'avait pas le droit de médire des étrangers qui sont nos hôtes. Il reconnut que son indignation l'avait entraîné trop loin.

— Voyez-vous, reprit-il, le bon marché nous tue. Ce que nous vendons 80 centimes, les Allemands réussissent à le céder pour dix sous. La concurrence devient impossible.

Tout en devisant, nous sommes remontés vers les vitrines rétrospectives :

— Ce devait être amusant, poursuit M. Martin, d'édifier lentement un chef-d'œuvre que le roi vous achetait à prix d'or et qui faisait l'admiration de la cour et de la ville. Regardez-moi ces meubles, ces étoffes, ces dentelles. Est-ce assez cossu? Et cet éléphant?... Non, mais cet éléphant est extraordinaire!

M. Martin observe l'éléphant de Vaucanson. C'est le présent qui contemple le passé. Il y a quelque chose d'auguste et d'émouvant dans cette confrontation. Deux siècles sont en présence, le siècle du luxe, le siècle de la camelote, le siècle des privilèges, le siècle de l'égalité. Évidemment, le berger de Caffieri méprise un peu le faucheur de M. Martin. Mais ils sont cent mille faucheurs de M. Martin contre un seul berger de Caffieri. Et cent mille enfants s'amusent de ces faucheurs, alors que la cuisine de Louis XVI ne servait qu'au seul divertissement du prince. M. Martin répand donc sur la terre une plus grande somme de joie que n'avaient fait Caffieri et Vaucanson. Et c'est de quoi je le félicitai encore sincèrement.

— Je crois, dis-je à Léo Claretie, que nous sommes

ridicules avec notre manie de philosopher... D'autant que toutes ces vérités sont connues...

— Il en est une, me répondit-il, qu'il est excellent de proclamer : c'est que, malgré les orages qui bouleversent les empires, les petits garçons et les fillettes continuent de jouer à la poupée, nous donnant ainsi une leçon de sagesse. Écoutez ce que vous dit la marquise de Mlle Didot, belle-sœur de Bernardin de Saint-Pierre.

Et j'entendis la marquise de cire de Mlle Didot, couchée sur son sopha, dans sa robe de satin, et qui récitait d'une voix fêlée, cette fable de Vadé qu'aimait à déclamer Marie-Antoinette :

> Combien de belles sont trompées!
> Combien de volages amants!
> Hommes, vous êtes des enfants;
> Femmes, vous êtes des poupées...

Un officier de bouche du Sultan

Il faut que j'avoue mon péché mignon. Je me sens une étrange faiblesse pour tout ce qui touche aux choses de la cuisine. J'aime les auteurs qui en dissertent avec enjouement et sagacité, et je professe une vive estime pour les hommes utiles qui excellent en cet art. Je les recherche volontiers et m'instruis dans leur commerce.

J'éprouvai donc hier une grande émotion, quand quelqu'un me dit qu'il y avait au Champ-de-Mars un restaurateur qui fut attaché naguère comme officier de bouche au service du commandeur des croyants.

— Il se nomme André, me confia cet obligeant ami ; c'est un philosophe. Sa vie est féconde en aventures divertissantes. Il a traité les plus illustres fourchettes du monde. Enfin, il cause d'une façon agréable, et plus élevée que ne le comporte son état. Il sera charmé de votre visite et vous-même vous n'aurez pas à la regretter.

Je me mis de suite à la recherche de ce personnage et ne tardai pas à le découvrir dans une immense salle peinte en blanc d'un restaurant voisin du palais de l'optique. Il paraissait fort affairé et commandait à une armée de maîtres-d'hôtel avec cette autorité que donnent la réputation et l'expérience. Afin de mieux étudier sa physionomie, je m'assis à une des rares tables demeurées libres et commençai de déjeuner. Une heure sonnait au carillon de la métallurgie allemande et mon estomac criait famine. Tout en attaquant les hors-d'œuvre d'une dent robuste, je suivais les allées et venues de l'ancien officier de bouche du sultan.

M. André a l'œil intelligent, la moustache retroussée à la cavalière, la taille leste et bien prise ; son corps n'est pas alourdi par l'abus de nourritures trop succulentes, et cela me donne une heureuse opinion de sa sagesse. Comme il passait près de moi, je me fis connaître et lui exprimai l'envie où j'étais de l'entretenir. M. André sourit familièrement.

— Achevez votre repas, me dit-il, je viendrai vous joindre au dessert, lorsque la foule sera écoulée.

M'ayant jeté un regard plein de promesses, il retourna à ses travaux. Mais au respect que me témoignèrent les garçons à dater de cet instant et aux égards dont ils me comblèrent, je compris qu'il m'avait recommandé à leur bienveillance.

Une demi-heure s'écoula. M. André m'adressait de loin de petits signes affectueux pour calmer mon impatience et me conserver en belle humeur. Enfin, je le vis accourir à l'instant où j'allumais mon cigare.

— Excusez-moi, s'écria-t-il. On ne s'appartient pas dans ce métier. Et j'enverrais volontiers l'Exposition à tous les diables !

Et comme je m'étonnais de cette explosion de colère, il poursuivit :

— Les conditions de notre industrie ont bien changé. Nous avons affaire aujourd'hui à la foule anonyme et exigeante à qui il faut faire faire bonne chère pour peu d'argent. Jadis, il n'en allait pas de même. Des clients de choix, de grands seigneurs authentiques nous enrichissaient de leur prodigalité. Ils savaient apprécier nos mérites et ne lésinaient pas sur la dépense. Ah! l'ancien café Anglais! les Frères-Provençaux! la Maison-d'Or!...

M. l'officier de bouche s'attendrit à ces souvenirs délicieux. On se rappelle toujours avec bonheur sa jeunesse :

— Un soir de l'hiver 1866, le prince Demidoff offrit à ses amis et à des dames élégantes, chez Verdier, un souper qui lui coûta trente-cinq mille francs. Et si vous me demandez comment il atteignit cette somme fabuleuse, je vous dirai que ces messieurs sablaient des vins à quatre-vingts francs, mangeaient des pêches à vingt-cinq francs pièce, et qu'ils vidaient des bouteilles dans le piano et s'envoyaient des pêches à la figure. Ils en jetaient aussi par la fenêtre, sur le boulevard, en manière d'amusement, ou bien ils cassaient les glaces et la vaisselle. Tout cela se retrouvait sur la note.

— Y compris le piano?

— Y compris le piano!

Le prince Demidoff était un vrai gentilhomme et je conçois que M. André ne se console point de l'avoir perdu. Mais quoi! il faut s'accommoder de l'évolution des mœurs!

— Quel âge avez-vous donc, monsieur André? Vous semblez être presque un adolescent et vous vous exprimez comme un patriarche...

Il n'est pas insensible à ce compliment; il insinue son pouce dans l'entournure de son gilet. C'est une attitude qu'affectionnait M. Delaunay, de la Comédie-Française, quand il jouait le duc d'Aléria, dans le *Marquis de Villemer*. Elle exprime des idées avantageuses.

— Vous me flattez... J'ai franchi le cap de la cinquantaine... Je suis un des blessés du siège de Paris ! Et je ne puis me dissimuler que mon poil grisonne. Ah! si vous m'aviez connu, il y a douze ans, avant mes malheurs ! Vous m'eussiez donné vingt ans à peine !

Un douloureux soupir achève ces paroles.

— J'avais amassé 250.000 francs d'économies et je les ai perdues dans de mauvais placements. Imaginez-vous... Qu'est-ce encore ?

C'est un étranger qui désire savoir du maître de céans combien coûterait la confection d'un banquet de trois cents couverts. M. André implore mon indulgence. Je le rassure. J'aurai toute la patience qu'il faudra. Car je veux apprendre comment l'honorable cuisinier a « refait sa vie ».

Cinq minutes plus tard, il reprenait son récit.

Il avait sauvé du naufrage 7000 écus ; il résolut de les employer à compléter son éducation géographique et culinaire. Il visita des pays extravagants, toucha au pôle Nord et endura la chaleur des tropiques, goûta à la chair de renne boucanée des Lapons, se nourrit avec les Islandais du sang des phoques et des baleines, savoura le kouss-kouss sous la tente de l'Arabe. La peste l'empêcha de se rendre à Téhéran auprès du shah, où de hautes sympathies lui ménageaient une place. Il s'en procura une excellente à Saint-Pétersbourg. Il devint le manager d'un des principaux hôtels de la ville, et il eut la surprise et la joie d'y rencontrer quelques-uns des vieux habitués de la Maison-d'Or.

Toujours les mêmes, ces princes ! Sans doute un peu fatigués, mais non point blasés sur les plaisirs de l'amour et de la table, friands de primeurs (entendez-le comme il vous plaira), grands amateurs de pêches à vingt-cinq francs, et n'hésitant pas à les payer le double et le triple, à condition qu'elles soient immaculées et qu'elles ne soient pas trop mûres. Cette contrée est le paradis de ceux et de celles

M. André, officier de bouche du Sultan.

qui fournissent un aliment aux appétits d'art et de sensualité et aux raffinements de l'existence civilisée : peintres célèbres, comédiennes et chefs de cuisine. Un de ces boyards dit à M. André :

— L'emploi de premier officier de bouche de Sa Majesté Abdul-Hamid est vacant, seriez-vous en disposition de l'accepter ?

L'honnête Français adorait les voyages. Il crut entrevoir dans un nuage d'or les minarets, les mosquées, les splendeurs du Bosphore, et, peut-être aussi, un coin de harem, des peaux blanches, des lèvres rouges et des yeux noirs d'odalisque. Il boucla sa valise et partit pour Constantinople, nanti d'une toute-puissante recommandation.

Elle lui ouvrit les portes du palais de Yildiz-Kiosk, si rigoureusement clos aux profanes. Tout de suite il fut investi de ses nouvelles fonctions.

— Ah! monsieur! de quelle haine je me sentis alors enveloppé! Quiconque franchit le seuil de ce palais redoutable est un ennemi pour le peuple de parasites qui y réside. Ils lui tendent des pièges, ils le persécutent sournoisement; la perfidie s'insinue dans leurs sourires; leurs compliments dissimulent d'infâmes projets de délation. Songez qu'il y avait là quatre cents fonctionnaires, sans compter la valetaille, une nuée de chambellans, d'intendants, de secrétaires, de médecins, d'apothicaires, de garde-robes (qui prennent soin des vêtements de Sa Majesté), de dégustateurs (qui vérifient si l'on ne lui sert pas des sauces empoisonnées). Le premier dégustateur me détestait et son aversion était redoutable, car il avait à sa disposition d'inexorables moyens de vengeance. Qu'il simulât une colique ou un évanouissement et j'étais mort....

Qu'y a-t-il, je vous prie? ne saurait-on me laisser en repos?

C'est encore un importun qui se lance au travers de notre conversation. M. André va en toute hâte conférer avec lui. Décidément, ses narrations ressemblent aux contes des *Mille et une nuits*. Elles sont constamment interrompues.

Ayant promptement expédié ce fâcheux, qui venait de

lui commander un dîner fin à 30 francs par tête, il a renoué le fil de son odyssée.

— Un jour donc, je rassemblai mes collègues du palais de Yildiz-Kiosk, je les assurai de la cordialité de mes intentions et leur dis que je n'avais nullement le dessein de les supplanter, ni dans les charges qu'ils exerçaient, ni dans les faveurs du maître. Je vis bien que ce discours ne les convainquait pas entièrement et qu'ils en suspectaient la sincérité. Cependant ils mirent un terme à leurs méchants procédés. Et je pus vaquer en paix à ma besogne.

Elle consistait à préparer les repas personnels du sultan et ce n'était pas une mince affaire. Il fallait lui envoyer chaque matin quatre déjeuners, un français, un turc, un grec et un albanais, composés chacun d'une douzaine de plats dont la préparation exigeait des soins infinis. M. André se levait à trois heures de la nuit et surveillait la cuisson des mets compliqués et savants destinés à flatter la gourmandise du monarque.

Tandis que d'autres confectionnaient le *chich-kébach*, grillade de tranches de mouton saisies sur un brasier ardent, le *dolma*, pot-pourri de légumes, le *cheih-ul-mahchi*, friture d'aubergines, relevée d'une garniture au lait caillé, et le *baklava*, gâteau national, et le *kaïmak*, crème épaisse et douce comme le miel, il apprêtait des poissons, des volailles et des viandes, selon les plus suaves recettes de Paris, les veloutant de coulis classiques, où s'épanouissait un discret parfum de truffe, et les parant avec cette adresse inimitable, ce goût de perfection et cet esprit du détail, par lesquels s'affirme, dans l'étendue de l'univers, la prééminence de nos artistes.

Ces chefs-d'œuvre achevés, il les rangeait sur un plateau d'argent massif et, les ayant cachetés et scellés, pour les garantir de toute profanation, il les dépêchait au seigneur Abdul-Hamid qui daignait s'en montrer satisfait, et renvoyait à ses ministres, comme une auguste marque de sollicitude, ce qu'il n'avait pu manger lui-même, sa faim étant apaisée.

Le seigneur Abdul-Hamid n'est pas très expansif, sa voix ne s'élève guère que pour gronder. Pourtant une fois il manda son premier officier de bouche :

— Comment appelles-tu ceci?

Et il lui désigna des grains de riz comparables, par leur couleur rose et tendre, à des joues de jeune vierge.

— Sire, c'est le *pilaf de queues d'écrevisses à la Nantua !*

— Tu m'en feras tous les jours !

Lorsque M. André sortit de cette audience, si contraire aux usages du palais, il n'aperçut que dos humblement courbés et mains tendues. On saluait le favori! Cependant, le dégustateur et le chambellan veillaient. Ils aiguisaient dans l'ombre leurs machinations. M. André eut l'imprudence de leur avouer qu'il regrettait Saint-Pétersbourg, où il gagnait si aisément cinquante mille livres de revenus, et d'ajouter que Sa Majesté, apparemment, ne serait pas disposée à lui payer cette somme. Le propos fut faussement rapporté au sultan qui supposa que l'officier de bouche incriminait son avarice et qui lui enleva pendant deux mois le gouvernement des cuisines. Afin de rentrer en grâce, M. André composa un manuel de ses recettes les plus fameuses et crut devoir le dédier à Abdul Hamid. Il ne se doutait pas qu'il lui manquait gravement de respect en usant d'une telle liberté...

— Qu'ajouterai-je? Cet esclavage m'inspirait une invincible lassitude. Je prenais en exécration les êtres et les choses, les murs de ce palais, plus sévères que ceux d'une prison, et ces eunuques traîtres et stupides, et ces chiens féroces qui hurlaient quand ils me voyaient coiffés d'un chapeau à l'européenne et se taisaient dès que j'y avais substitué le fez d'ordonnance. En regardant fuir les hirondelles, comme le captif de Béranger, je songeais à ma patrie. Quel bonheur lorsque je la revis! Pour en apprécier tout le charme, il faut avoir habité chez le Grand Turc.

Je louai beaucoup M. André de garder à son pays ces sentiments qui étaient tout à fait d'accord avec les miens propres. Je lui proposai de les confondre fraternellement en choquant nos verres; mais il s'y refusa en alléguant l'extrême fatigue de son estomac.

— Je ne puis plus supporter, me dit-il, que les œufs à la coque, le bœuf bouilli et l'eau claire...

Mais, brusquement encore, il s'arrêta.

— Quoi? Qu'est-ce?... que me veut-on?... Excusez-moi je vous prie... une minute et je suis à vous.

Je n'ai pas attendu le retour de M. l'officier de bouche du sultan, craignant que son négoce n'eût à souffrir de cette trop longue conférence. Et, par délicatesse, je partis.

... Et pourtant, je suis sûr que Schérazade avait encore plus d'un conte dans son sac!

La Chambre de Mademoiselle Mars

J'ai l'avantage de connaître une amie de Mlle Mars je pense qu'elle est, avec notre cher doyen M. Legouvé, la seule personne actuellement vivante qui ait vécu dans l'intimité de l'illustre comédienne. Elle m'a demandé en grâce, si je parlais d'elle, de ne pas imprimer son nom; car elle est fort modeste. Et puis, elle craint que son repos ne soit troublé par l'assaut des reporters. Je me bornerai donc à la désigner par son initiale et je vous dirai que Mlle S... a quatre-vingts ans passés, qu'elle habite, au quatrième étage d'une maison de la rue Saint-Honoré, un logement vieillot et propret comme elle, et qu'elle n'a jamais pu se résoudre, depuis plus d'un demi-siècle, à quitter ce coin de Paris où l'attachent tant de souvenirs.

Elle y vit, entourée d'un petit nombre d'intimes dont le plus jeune a de beaucoup dépassé la soixantaine. La mort fauche dans leurs rangs. Et le temps viendra bientôt où la digne demoiselle se trouvera seule au monde. Mais cette pensée n'assombrit pas son humeur. Et j'éprouve un grand plaisir à l'interroger sur les choses d'autrefois; je crois qu'elle n'a pas moins de plaisir à me répondre. Quand, une fois, nous enfilons ce chemin, nos entretiens sont interminables ; les heures tintent à la petite pendule d'albâtre représentant (sous globe) l'Amour et Psyché, et nous n'avons pas le courage, elle de me mettre à la porte, ni moi de prendre congé. Nous bavardons... nous bavardons... Ce sont, je vous assure, des moments délicieux.

Or, l'autre jour, une idée m'est venue. Je visitais au Champ-de-Mars les galeries, où, par les soins du savant architecte Charles Reynaud, ont été groupés des documents d'un rare intérêt concernant l'histoire, la mise-en scène et le matériel de l'art théâtral. Parmi ces reliques il en est une, particulièrement précieuse. C'est la chambre de Mlle Mars que M. Reynaud a restituée; elle se compose d'un lit, de deux fauteuils, de deux chaises et d'une commode, le tout en bon état de conservation et d'une parfaite authenticité. Je résolus d'amener à cet endroit Mlle S... Quoiqu'elle ait horreur de se mêler à la foule, je ne doutais pas que l'amour de Mlle Mars n'arrivât à vaincre sa répugnance.

Enfin, l'avouerai-je? ma vanité était engagée à ce que Mlle S... fît ce voyage. Je figure dans l'exposition de M. Reynaud ; je lui ai prêté un certain portrait de Mars enfant, que les gens qui veulent m'être agréables attribuent à Boilly ou à Drolling. Elle est représentée à quatorze ans dans le rôle de Colin, le petit frère de Jocrisse. Je trouvai naguère cette toile chez Lassouche, et j'y tiens comme à la prunelle de mes yeux. Je désirais la montrer en belle place à ma vénérable amie. Je lui fis part de mon dessein. Au premier mot elle poussa les hauts cris.

— A l'Exposition ! Vous n'y songez pas !

— J'y songe si bien, que je vous enlève. La voiture est en bas.

— Jamais on ne me verra dans votre affreux bazar !

Je ripostai d'un ton quelque peu piqué :

La chambre de Mademoiselle Mars.

— Un bazar, où se trouve la chambre de Mars. Vous n'êtes pas polie...

Après une longue discussion il fut convenu que je viendrais cueillir Mlle S..., le lendemain, de grand matin, afin de lui éviter l'encombrement et la chaleur de l'après-dîner. Comme je m'en allais, cette promesse en poche, elle me retint et, d'une voix embarrassée, elle me dit (je crois même qu'une rougeur furtive, à ce moment, colora ses joues) :

— J'ai jeté sur le papier un récit de mes premières entrevues avec Mlle Mars. Si cela peut vous divertir! Oh! c'est un petit travail sans prétention. Je n'ai point, comme Mme Sand, le talent d'écrire.

Elle ouvrit son armoire à glace en bois de citronnier, et en tira un cahier ficelé de faveurs roses. Je l'emportai chez moi et m'empressai de le lire.

Voici des fragments du manuscrit de Mlle S... J'en reproduis fidèlement le texte :

« C'est le 5 septembre 1840 que je vis pour la première fois Mlle Mars. Elle revenait de Vichy et se reposait à Chantilly des fatigues de la cure. J'avais une lettre de recommandation que je lui remis. La toilette dont elle était parée ce jour-là m'est restée dans la mémoire. Elle portait une robe de mousseline bleu de France, à bouquets blancs, un chapeau de paille orné d'un voile bleu, une ombrelle bleue, une écharpe de taffetas noir. Son aspect ne me fut pas d'abord sympathique. Il me fallut du temps pour m'habituer au timbre de sa voix, qui me sembla forte et durement accentuée. Elle me dit, en me saluant et en se débarrassant à la hâte de sa robe de promenade :

« — Mon Dieu! quel vent il fait à Chantilly!

« Elle m'offrit une collation. Après quoi, nous gagnâmes

le parc et les bois. Mlle Mars était une marcheuse infatigable. Elle me répétait :

« — Quand vous en aurez assez, nous monterons en calèche.

« Nous ramassions des herbes et des fleurettes dont nous formions des gerbes. Elle me disait en riant :

« — Vous cueillerez les fleurs ; — et moi, de droit, je me charge des *ficelles*.

« Elle ajouta encore (et cette louange ne fut pas sans me flatter) :

« — Si j'étais coquette, comme mes ennemis le prétendent, je ne me montrerais pas avec vous... Vous êtes jolie et vous avez vingt ans... Tandis que moi... Mais non !... Vous ne saurez pas mon âge.

« A la suite de cette conversation, une sorte de commerce assidu s'établit entre nous. Mlle Mars me témoignait une extrême bienveillance. J'en profitai pour retourner chez elle le plus souvent possible. Quelquefois je la trouvais avec des personnes étrangères, qui étaient presque toujours considérables par le nom ou l'esprit. Un soir, Mme Desbordes-Valmore était là et je me rappelle qu'on en vint à parler de l'affaire Lafarge, qui occupait alors tout le monde, et que Mme Valmore levait au ciel des regards indignés et mouillés de pleurs, et que Mlle Mars, se gaussant un peu d'elle, s'écria :

« — Allons Marceline, vous êtes trop honnête pour comprendre de telles infamies.

« Mlle Mars narrait les anecdotes avec beaucoup d'agrément. Et elle en avait d'impayables, particulièrement sur les guerres. Il fallait l'entendre conter l'histoire de ses deux Cosaques qu'elle avait eu à héberger, en 1815, dans son appartement de la rue Feydeau, et qui lui inspiraient une si grande frayeur, qu'elle avait caché ses bijoux dans les lieux d'aisance pour les soustraire à leur convoitise. Mais jamais elle ne parlait sans émotion de l'Empereur. A tel point que je lui demandai si elle en avait été amoureuse.

« — Si c'était de l'amour, me dit-elle, je ne saurais l'affirmer. En tout cas, c'était un sentiment fait exprès pour lui seul, puisqu'il ne ressemblait à aucun autre et que je ne l'éprouvai pour aucun autre.

« Ces confidences achevèrent de nous rapprocher. Et quand Mlle Mars quitta Chantilly, elle me fit prier de la venir voir jouer la comédie, lors de mon prochain voyage à Paris. »

Je saute quelques pages du manuscrit de Mlle S..., et j'arrive à celles-ci, qui m'ont paru piquantes :

« Mlle Mars m'avait envoyé un coupon pour *Louise de Lignerolles*. A l'issue de la représentation qui fut brillante, je montai dans sa loge. Elle se composait de trois pièces, d'une antichambre, d'un cabinet et d'un boudoir, qui était la pièce principale. Elle était tendue de damas à ramages, garnie de tapis moelleux, d'une cheminée recouverte de velours nacarat et d'une psyché en nacre et d'incrustations dorées qui avait été donnée à l'actrice par le prince de Metternich. Je me précipitai à son cou.

« — Il me paraît, dit-elle, que vous êtes, comme Sa Majesté, assez contente. Voyez ce superbe et galant cadeau que je reçois !

« Elle ouvrit un écrin et me montra une épingle en rubis et diamant d'une eau admirable. Puis elle détacha et laissa tomber sur mes genoux un bouquet de violettes blanches..

« — Gardez-les pour l'amour de Louise de Lignerolles.

« Il y avait là autour de nous trois hommes célèbres dans les arts et les lettres. Mlle Mars ôta son rouge, se débarbouilla avec de la pommade de concombre, dégrafa ses boucles d'oreilles et ses bracelets, sa robe de satin, son jupon de soie, délaça son corset de moire, mit un peignoir de batiste, dénoua ses souliers de satin, fit glisser ses bas et ses jarretières. Eh bien! nous ne vîmes rien, pas un coin de chair, pas l'ombre d'une nudité. Et tandis que ces changements miraculeux s'opéraient, l'entretien n'avait pas cessé. Mlle Mars me confia un coffret assez pesant et m'accrocha au bras d'un de ces messieurs.

« — Marchez et suivez-moi ; mais soyez invincible. Vous portez ma fortune.

« La cassette renfermait ses diamants.

« Un souper fin nous attendait rue de Rivoli, au domicile de la comédienne. Elle ne but qu'un consommé. Ses convives dépêchèrent tout le reste. Ils avaient un furieux appétit, dont elle les complimenta d'une façon plaisante :

« — Je joue... et c'est vous qui avez faim, ô gens matériels que vous êtes. Vous avez raison de me traiter de femme spirituelle! »

J'arrête ici les citations du journal de Mlle S..., quoiqu'il renferme encore des parties curieuses. Mais il faut se borner. Et j'ai hâte de vous conter notre visite à l'Exposition.

Hier, à dix heures précises, je vins quérir ma respectable amie. Elle s'était mise en frais de coquetterie, non pas, certes, pour me plaire (je n'eus pas la fatuité de le supposer), mais pour honorer Mlle Mars. Ses mitaines ne faisaient pas un pli et, ma foi, ses petits pieds chaussés de mules en chevreau avaient fort bon air. Mlle S... dut avoir un pied ravissant aux environs de 1840. A son corsage une broche était piquée, représentant une fleur de lis dessinée en mosaïque sur fond vert et entourée d'une cordelière d'or. Elle me dit, en me montrant ce joyau du style Louis-Philippe le plus pur :

— C'est Elle qui me l'a donné.

Un quart d'heure plus tard, nous touchions au but. Quelques confrères que je rencontrai, me voyant empressé auprès de cette vieille dame, s'imaginèrent que je « pilotais » une tante de province. S'ils avaient regardé Mlle S. avec plus d'attention, ils eussent remarqué qu'elle était émue. Lorsque nous nous arrêtâmes devant la chambre de Mars, je sentis que sa main tremblait.

Cette pièce est exactement reproduite, autant que l'a permis l'exiguïté du local dont disposait M. Charles Reynaud. Elle contient le lit, les sièges, la commode en acajou moucheté et deux ou trois autres bibelots. Au-dessus du lit est accroché le portrait de la fille de Mars, par Gérard, et sur le panneau de droite, mon pseudo Boilly. Mlle S. contempla silencieusement ces objets, et ce n'est qu'après cinq minutes de méditation qu'elle se décida à parler.

— Oui, dit-elle, voilà bien ses meubles. Et je crois qu'ils lui venaient d'un homme qui l'avait éperdument aimée et qu'elle s'obstina à rebuter. Il s'appelait M. de Chabralle, et nous l'avions surnommé, le *Beau ténébreux*, à cause de l'expression désolée et morne de ses traits. Il l'accablait de présents. Il lui envoya 300 000 francs en billets de banque qu'elle refusa, qu'il lui dépêcha à nouveau et qui firent plusieurs fois la navette entre leurs logis respectifs. Finalement, il dut les garder. Mais il ne se tint pas pour battu. Il organisa un enlèvement avec la complicité de Mme Hervé, du Théâtre-Français ; la tentative ayant échoué, il essaya de se brûler la cervelle ; il guérit de ses blessures. Il se jeta dans la fièvre du jeu pour oublier ses peines de cœur et perdit la moitié de son patrimoine. Un jour, Mlle Mars reçut de lui un billet où il lui annonçait qu'il s'était cassé la jambe et la suppliait de lui amener le chirurgien Dupuytren. « Je ne me la laisserai remettre, écrivait-il, que si vous attendez chez moi le résultat de l'opération. » Elle y courut. M. de Chabralle lui tendit ses mains brûlantes et lui murmura à l'oreille : « J'ai un dernier service à vous demander. Acceptez mes 300 000 francs. Si vous dites non, je meurs... »

J'écoute attentivement cette aventure. Il me semble que les meubles de Mlle Mars s'animent à mesure que je pénètre dans sa vie et prennent un air plus familier. Je ne suis qu'à demi surpris quand Mlle S. ajoute :

— Vraiment, ce M. de Chabralle était un galant homme. Et Mlle Mars eut tort de le désespérer.

Je partage cette opinion, mais il est piquant d'entendre une telle phrase sortir de la bouche de ma vertueuse amie. Pour changer le cours de ses idées, je lui ai longuement exposé l'origine de mon chef-d'œuvre (attribué à Boilly ou à Drolling).

Mars avait un peu plus de treize ans. Elle était très malheureuse. Son père, l'acteur Monvel, refusant de s'occuper d'elle, sa mère s'était liée avec un certain Valville, cabotin de talent inférieur. Et la petite Hippolyte Mars était la Cendrillon, la servante de la maison. Elle allait chercher à l'aube le lait et le café de M. Valville. Elle cirait les souliers de M. Valville et craignait M. Valville comme le feu. Aussi accepta-t-elle avec joie d'interpréter les rôles d'enfant dans les vaudevilles que montait la Montansier sur son théâtre. Elle en créa soixante-huit en moins de deux ans, entre autres celui de Colin, dans le *Désespoir de Jocrisse*.

Oh ! ce n'était pas un rôle bien « conséquent » ! Il comportait deux répliques. Colin disait à sa mère : « *Ma mère, y a-t-un beau monsieur à la porte qui dit comm' ça qu' i demande après la portière.* » Et Colin disait à son père Jocrisse : « *Du pain, donne-m'en!* » Et Jocrisse répondait : « *Comment! tu ne sais pas parler à ton âge? On dit : Du pain, donne-moi-z-en!* » Ce dialogue manquait d'atticisme. Mais Hippolyte Mars avait de l'entrain, des yeux aimables et l'instinct des planches. Elle portait gaillardement le bâton, le bonnet et le baluchon de Jocrisse junior.

— Voyez plutôt, continuai-je, comme sa physionomie est joliment rendue par Boilly (ou par Drolling). Quel teint brillant! quelle fermeté! quel incarnat!

Mlle S..., qui est la civilité même, s'extasia sur les mérites du tableau.

Je l'entraînai vers les vitrines et les panneaux voisins, où se trouvent résumés dans une forme pittoresque les progrès réalisés par la machinerie et la décoration théâtrales : maquettes d'opéra, poupées figurant les plus fameux ténors, barytons, cantatrices et danseuses de l'Académie royale, impériale et nationale de musique; accessoires variés, armures en fer blanc, fausses pierreries, couronnes et diadèmes qui font tant d'effet dans les apothéoses, maillots de soie spirituellement rembourrés, trucs de féeries, pâtisseries et venaisons succulentes, le poulet de Gorenflot, le pâté géant de la *Chatte blanche* et les tartelettes-amandines du cuisinier-poète Ragueneau. Enfin je voulus lui faire admirer les appareils récemment établis pour l'éclairage scénique et qui permettent d'imiter avec une précision inouïe tous les caprices et tous les miracles de la lumière naturelle de la lune et du soleil.

Je remarquai que ma compagne ne m'écoutait plus. Elle s'amusa de quelques aquarelles de Cicéri et du *Foyer de la Comédie* peint avec une déplorable sécheresse par

Geffroy. Mais elle regarda distraitement le ravissant décor japonais de M. Jambon et le *Roi des Aulnes*, où M. Amable a semé tous les ors de sa palette. Du reste, onze heures sonnaient au prochain beffroi.

— Je vous quitte, s'écria-t-elle. Mon œuf à la coque serait trop cuit.

Elle jeta un dernier coup d'œil sur la chambre de Mlle Mars et me dit, en me désignant du doigt le portrait de Colin, frère cadet de Jocrisse... (Je crus entendre la voix moqueuse de Célimène) :

— Vous savez ! j'ai peur qu'il ne soit pas de Boilly — ni de Drolling !

Les Nageurs Suédois

J'étais tranquillement assis dans mon cabinet, lorsqu'on me remit une carte, sur laquelle je lus ce nom :

Lieutenant-colonel V. Balck, Stockholm.

Les étrangers de passage à Paris pendant l'Exposition nous honorent quelquefois de leur visite, et c'est une joie pour nous de les recevoir, car ils sont fort aimables, et nous retirons un sérieux profit de leur entretien. Je m'empressai donc d'ouvrir ma porte à M. le lieutenant-colonel Balck. Il se recommanda d'un ami commun, mais ce trait d'union entre nous était superflu. Dès l'abord, sa physionomie me fut sympathique. M. Balck a le teint rose, les prunelles bleues, le regard franc et cordial des hommes de son pays ; et quoiqu'il ait franchi le cap de la première jeunesse, un air de bonheur, de prospérité et d'équilibre s'épanouit dans toute sa personne. J'admirai sa tournure martiale, la robuste souplesse de sa taille. Le colonel est ce que les gens du peuple appellent naïvement un « bel homme ». Il me broya les mains dans un affectueux shake-hand. Puis, m'ayant dévisagé avec attention, il me dit :

— Vos épaules sont larges, mais pas assez effacées.

Votre cage thoracique manque d'ampleur, une pâleur terreuse couvre vos joues : mauvais indice du côté du foie. Enfin, vous avez une fâcheuse tendance à l'embonpoint. Il va falloir corriger cela.

J'étais muet de surprise. Je repris la carte de M. Balck, craignant de m'être trompé sur son véritable caractère. Mais non ! ce n'était point un docteur en médecine que j'avais devant moi, ni même un major de régiment ; c'était un officier supérieur de S. M. Oscar.

Je le remerciai de la sollicitude qu'il me témoignait et l'assurai que ma santé, sans être exceptionnellement brillante, ne m'inspirait point d'inquiétude.

Il secoua la tête :

— Vous avez tort. Rien n'est encore perdu... si vous suivez les prescriptions de la *gymnastique suédoise.*

Ce mot fut un trait de lumière. Je me souvins du voyage que M. Balck, alors simple commandant, avait fait chez nous dernièrement, en compagnie de soixante élèves de l'Institut central suédois de gymnastique, et je cherchai au fond de ma mémoire quelques détails précis concernant cette merveilleuse école. Il est bon de prouver aux étrangers qu'on n'est pas tout à fait ignorant des choses de leurs patries. J'exprimai donc à M. Balck la haute estime où je tenais l'Institut central de gymnastique de Stockholm, qui fut fondé au début du siècle par le fameux Ling, poète et physiologiste, et qui n'a cessé de prospérer depuis cette époque.

— Ces éloges, ajoutai-je, n'ont dans ma bouche qu'une valeur médiocre. Je suis un profane. La gymnastique est une science, ou un talent, ou un art, qui ne m'a jamais séduit. Mon extrême gaucherie sur le trapèze me valut, du temps où j'étais écolier, les railleries de mes condisciples.

M. Balck eut un imperceptible haussement d'épaules qui voulait dire : « Que je vous plains d'ignorer de telles délices ! »

Il poursuivit :

— Ne confondons point, je vous prie. Il y a gymnastique et gymnastique. La gymnastique suédoise est établie sur des bases rationnelles ; elle suppose une connaissance exacte du corps humain et a pour but d'en accroître scientifiquement l'élasticité et la vigueur.

Là-dessus, l'honorable colonel se lança dans un ardent panégyrique de l'enseignement dont il est l'apôtre et auquel, depuis quarante ans, il consacre tous ses soins. Il me traça un joli tableau de ce peuple scandinave, naguère abruti par l'alcoolisme, et qui peu à peu s'est corrigé de ses vices et totalement régénéré.

Le Suédois ne boit plus d'eau-de-vie ni de ce redoutable *punch* qui casse les têtes les plus solides. Il ne s'enferme plus dans les cabarets ; il vit au grand air. Les divers genres de sport le passionnent ; il a repris goût aux exercices où excellaient ses aïeux, les Wiking, guerriers et conquérants. L'été, il monte sur de légers esquifs, tend ses voiles à la brise et longe en des courses aventureuses les côtes de la Baltique ; mais l'hiver est la saison qui lui procure les plus vifs enchantements. Dès l'âge de cinq ans, les enfants de Suède et de Norvège, garçons ou filles, chaussent le patin, le long patin qui permet de franchir avec la rapidité de l'éclair les champs de neige, de bondir par-dessus les précipices.

Oh ! l'ivresse de la course ! Le vertige de la vitesse ! La joie de sentir ses membres sains et dispos et de vaincre par l'audace et l'entraînement les obstacles de la nature ! Pour y arriver, il est nécessaire que les muscles soient assouplis, que le cœur se meuve à l'aise dans une poitrine largement développée, qu'un sang riche et pur gonfle les veines de l'athlète ou du coureur. Or, la seule gymnastique procure ces avantages : entendez la gymnastique suédoise, fondée sur les méthodes anatomiques et médicales de Ling.

Les paroles du colonel respirent une conviction sincère et l'accent qui les colore leur communique de l'autorité. M. Balck n'est pas un Méridional qui se grise de phrases sonores. S'il s'enflamme, ce ne peut être qu'à bon escient. Et d'ailleurs ses idées ne sont pas nouvelles ; elles commencent à imprégner toute l'Europe civilisée. La France même, si attachée qu'elle soit aux vieilles coutumes, comprend l'utilité d'accorder une place de plus en plus large, dans la culture de la jeunesse, à l'éducation physique. Le temps n'est plus où l'Université, comme la Chine, était défendue par une épaisse muraille contre l'influence du dehors, et c'est le mérite de quelques-uns de ses grands maîtres, et particulièrement de M. Georges Leygues, d'en chasser la routine et de l'ouvrir au progrès.

Innombrables sont les bienfaits de la gymnastique suédoise. Elle conduit à tout, elle est la préface de tous les sports. On ne se comporte vaillamment sur terre et sur mer que si l'on est façonné par elle.

— J'ai amené de Stockholm, continua M. Balck, quinze nageurs choisis parmi les membres de notre société de sauvetage. La natation est en Suède un sport national. Ils doivent manœuvrer demain en pleine Seine à Asnières, et si vous vouliez assister à cette séance...

Je promis de m'y rendre et il ajouta, comme pour sceller cet engagement :

— Vous savez que les Suédois aiment les Français.

Plusieurs centaines de curieux se pressent sur le quai d'Asnières, en avant du pont de Courbevoie. Une estrade

Les Nageurs Suédois.

y est dressée, avec des bancs de bois pour les simples mortels et des fauteuils de velours rouge pour les dignitaires. Le ministre de Suède préside. A ses côtés sont des officiers délégués par le gouvernement. Contre la tribune une estacade s'élève, haute de dix mètres, et d'où se précipiteront les « artistes ».

Les voilà qui défilent, majestueux et dignes, en grande tenue, c'est-à-dire complètement nus et vêtus du caleçon aux couleurs royales. Ces hommes ne sont point taillés sur un modèle uniforme ; il en est de gros et de fluets, de longs et de courts, un hercule qui pèse au moins cent kilos et un adolescent mince comme une anguille. Le colonel Balck a voulu bien établir par la diversité de ces types que tous les nageurs sont égaux devant la planche et la coupe. Il s'agite beaucoup, cet excellent colonel ! Il est ravi. Ce jour va assurer son triomphe. Pour m'intéresser davantage aux virtuoses de sa troupe, il m'esquisse à mi-voix leur biographie.

Ce petit maigre est sous-officier dans un régiment d'infanterie; cet autre est peintre; cet autre marchand de grains ; le « cent kilos » est un négociant en laine qui jouit de cinquante mille livres de rente; celui-ci est professeur de langues vivantes ; celui-là n'exerce aucune profession : il est sourd-muet, mais il pourrait être, ainsi que je le constaterai tout à l'heure, maître ès natation. Enfin il me désigne un monsieur en redingote, ganté de blanc, coiffé du tube à huit reflets. C'est un des plus importants banquiers de Stockholm, et c'est aussi l'un des moniteurs de la société de sauvetage. Il est le chef de l'équipe qui va obéir avec une précision miraculeuse à ses coups de sifflet.

Attention ! Le spectacle commence, le signal est donné.

Les quatorze champions s'élancent au pas de course et piquent une tête dans le fleuve. Leur chute, de cette hauteur, vous fait passer un léger frisson dans les moelles. Mais ce qui domine, c'est une impression d'élégance et de beauté. Les corps décrivent dans l'espace une parabole harmonieuse ; les bras tendus fendent l'onde comme la proue d'un navire ; les nageurs évoluent, se poursuivent, filent entre deux eaux, et tandis qu'on les attend à l'endroit où ils sont tombés, ils reparaissent à 50 mètres plus loin, secouant allègrement leur chevelure. Tels les Tritons de la fable se jouant au sein de Thétis.

Et maintenant, voulant achever de nous éblouir, ils exécutent des tours de force : ils se groupent, ils forment des figures symboliques : une étoile d'une régularité géométrique, un cercle parfait ; ils s'enlacent et dessinent à la surface de la plaine humide les initiales R. F., délicate flatterie à notre adresse, ou bien ils passent à des exercices moins frivoles ; ils simulent un naufrage ; l'un d'eux tombe comme par mégarde dans la Seine tout habillé. On s'élance à son aide, on le rattrape, on lui enlève ses bottes, on l'allège de ses vêtements. Il se débat comme un diable, car il a perdu toute présence d'esprit, il se défend contre le compagnon qui veut le sauver ; mais ce dernier le protège malgré lui, maîtrise ses mouvements, le saisit entre ses bras, et doucement l'entraîne au rivage.

D'unanimes applaudissements saluent cet exploit, accompli avec une dextérité et une simplicité étonnantes. Ce succès excite et exaspère la verve des champions ; ils s'ingénient à varier leurs exercices nautiques, ils plongent de cent façons pittoresques, debout, couchés, roulés en boule dans de terribles sauts périlleux, ou droits et rigides comme des tiges d'acier. Mais toujours ils obéissent au petit sifflet d'argent que le gentleman en redingote porte à ses lèvres. Et l'on devine que cette éblouissante fantaisie est le fruit d'une stricte discipline, qu'elle a été laborieusement et savamment préparée.

N'est-il pas remarquable que des citoyens appartenant à des milieux différents, et quelques-uns aux sphères supérieures de la société, aient la patience de se réunir chaque jour durant des années, de s'astreindre à des travaux difficiles et mille fois répétés, de se plier au plus pénible apprentissage, dans le seul but de secourir leurs semblables? Peut-être à ce sentiment une secrète satisfaction se joint-elle : l'orgueil de la créature qui veut développer sa puissance et réaliser pleinement l'accord de la vigueur corporelle et de l'énergie morale. Ce résultat suppose des qualités d'ordre, une constance dans la volonté, une continuité dans l'effort, que possédèrent sans doute les Grecs des âges héroïques et qui semblent appartenir aujourd'hui aux races du Nord.

Nous aussi nous savourâmes jadis les plaisirs de la natation. Nous fûmes parmi les clients assidus des bains de Deligny. Pauvres bains Deligny! Je les crois déchus de leur splendeur. Mais ils sont liés à mes plus chers souvenirs!

Quand arrivaient les premières chaleurs, de quel pas alerte nous nous dirigions vers le quai d'Orsay, où depuis plus d'un siècle ils sont amarrés. Et c'était une jouissance exquise de se dévêtir dans l'étroite logette peinte en blanc, d'éprouver sur sa peau moite le picotement du caleçon de toile que de trop fréquents blanchissages avaient durcie, et de rebondir d'un coup de talon sur le tremplin, et de grimper au sommet de la girafe, et de se laisser glisser dans le vide. L'eau était malpropre, et j'ai encore sur la langue sa saveur limoneuse. N'importe, nous trouvions à son contact une fraîcheur divine. Nous ne pouvions nous résoudre à la quitter. Notre oreille s'emplissait des rumeurs du fleuve, du clapotis des vagues contre les chalands, du bruit des chaînes des remorqueurs; et par les ais mal joints nous apercevions la perspective du Louvre, la plus belle ordonnance de bâtiments qui soit je pense, dans l'univers. Et puis, assis sur les bords de la piscine, les jambes pendantes, nous mangions la saucisse, la traditionnelle saucisse sautée à la poêle et enfermée dans un croûton de pain doré...

Les heures coulaient ainsi, oisives et charmantes. Des gens sages nous disaient : « Vous abusez, vous n'observez pas les principes de l'hygiène, vous aurez des rhumatismes. » Les rhumatismes sont venus. Que voulez-vous ? Nous autres Latins, nous aimons le caprice, l'imprévu; toute règle nous irrite. Au contraire, les Anglo-Saxons s'y soumettent aisément, et c'est un peu ce qui constitue leur supériorité.

Comme je m'amusais à ces rêveries, le colonel Balck vint me rejoindre :

— Eh bien ! me dit-il, êtes-vous conquis par la *gymnastique suédoise*? Quand prenez-vous votre première leçon ?

J'ai répondu :

— Je veux bien prendre ma première leçon, mais je ne suis pas sûr de jamais prendre la deuxième !

Le colonel a souri, et j'ai vu qu'une fugitive expression de pitié glissait comme une ombre dans ses yeux clairs.

Le Grand Vizir

J'ai obtenu du grand vizir Ali Asghar khan la faveur d'une audience. J'avais un vif désir d'être présenté à ce personnage, que ses talents ont rendu justement célèbre. Et puis, le titre de grand vizir exerce sur nos imaginations européennes un mystérieux prestige. Il nous suggère des réminiscences. Nous nous rappelons Giafar, le conseiller d'Haroun-al-Raschid et ces histoires étranges que nous avons lues dans les *Mille et une Nuits*. A nos yeux, le grand vizir est un vieillard à barbe de neige, vêtu d'habits somptueux, couvert de pierreries et qui fait tomber les têtes en levant le doigt, ou bien qui se promène le soir, incognito, dans les rues de Bagdad avec son maître et s'enquiert des besoins du peuple, ou bien encore qui choisit, dans le lot d'esclaves qu'un marchand juif lui amène, quelque belle Géorgienne pour son harem. La littérature nous emplit ainsi d'images qu'il est très difficile de chasser de notre esprit. Je ne connaissais les grands vizirs que par les livres. J'étais heureux d'en voir un de près, et au naturel.

Donc, hier, de bon matin, à l'heure qui m'avait été fixée, je franchis le seuil du palais des Souverains. Je remarquai dans la loge du concierge plusieurs individus qui tenaient à la main des valises de cuir et semblaient attendre le moment d'être introduits. C'étaient apparemment des commissionnaires qui venaient soumettre leurs échantillons au choix de Sa Majesté. Mais Sa Majesté, s'étant couchée fort tard la veille, sommeillait. Il n'y avait d'éveillé dans tout l'hôtel que M. Roqueferrier, attaché par le quai d'Orsay à la personne de l'auguste voyageur. Ce diplomate a fait une partie de sa carrière en Perse; il possède la langue et les usages du pays. Il avait bien voulu, avec une extrême bonne grâce, se charger de me conduire chez le grand vizir, pour qui l'on a loué un appartement dans l'avenue du Bois-de-Boulogne. Nous nous y rendîmes de compagnie. Et tout en cheminant M. Roqueferrier me retraça quelques traits intéressants de la vie de Son Altesse.

Mirza Ali Asghar khan n'a pas l'âge vénérable de Giafar, quoiqu'il exerce sa charge depuis bientôt dix-huit ans. Il avait vingt-six ans lorsqu'il en fut investi. Son père, qui la remplissait avant lui, s'y était élevé à force d'intelligence et de zèle; il avait passé de l'emploi modeste de sakka-bachi (distributeur d'eau) à celui de premier ministre. Mirza Ali Asghar khan a hérité de ses mérites en même temps que de son rang. Il est prudent et souple, et — qualité plus rare de la part d'un oriental — il sait agir et prendre, dès que les circonstances l'exigent, d'immédiates résolutions. Il eut maintes fois l'occasion de révéler ses aptitudes d'homme d'État, et notamment au lendemain de l'assassinat de Nassar ed Dine. Son énergie et son sang-froid évitèrent au prince héritier des complications et des compétitions dangereuses. Mozaffer résidait à Tauris. Les messagers les plus rapides mettent une semaine et les caravanes plus d'un mois à

Le Palais des Souverains. — Façade sur le jardin.

franchir la distance qui sépare cette ville de la capitale. Le grand vizir proclama l'avènement du roi; il lui dépêcha un courrier pour l'instruire de la mort de Nassar ed Dine et mit à ses pieds un million de sa fortune personnelle afin de parer au plus pressé; puis il garantit, par des mesures sévères, le maintien de l'ordre. Et pendant quarante jours, en attendant l'arrivée du maître, il prit le pouvoir. Mozaffer eut lieu d'être satisfait de son serviteur; il le combla de dignités et le garda près de lui. Les souverains absolus ont besoin, plus que les autres, de s'entourer de lumières et de dévouements, puisqu'ils n'ont pas pour les éclairer le suffrage universel!

Ce que je viens d'entendre augmente ma curiosité.

— Vous verrez aussi, ajoute mon guide, S. Exc. Mohadès el Mamalek, ministre des travaux publics, ancien élève de notre École polytechnique, mathématicien de premier ordre, ingénieur éminent. Celui-là est un vrai Parisien.

Le logis disposé pour les commodités du grand vizir se ressent un peu de la hâte que l'on a mise à l'aménager. Il est orné de tapis et de meubles disparates. Dans la galerie où nous pénétrons, de larges fauteuils sont alignés. Des visiteurs les occupent. Ils serrent avec précaution sur leurs genoux des sacs de maroquin dont le contenu est destiné, je suppose, à exciter les convoitises de Son Altesse. Ils attendent respectueusement que Son Altesse soit en humeur de les accueillir. Une vingtaine de Persans circulent parmi ces groupes, reconnaissables au kollah ou bonnet fourré d'astrakan, qui n'a point changé d'allure depuis Jean-Jacques. Quelques-uns sont vêtus de la redingote nationale, à petits plis. Mais la plupart ont adopté le costume occidental, la jaquette, le veston, le

Le Palais des souverains. — Façade postérieure.

gilet blanc et la chemise empesée qu'avive la note rouge, bleue ou verte d'une cravate voyante. Les Asiatiques — comme les Américains — aiment ce qui brille au soleil. Ces fonctionnaires sont les commis ou les secrétaires du vizir. Il y a, dans le nombre, des bureaucrates à cheveux blancs, décorés de la rosette, et des jeunes gens imberbes et avantageux, tout à fait pareils à ceux que nos ministres attachent à leurs cabinets. Les « fils de famille » de Téhéran!

Cependant, un homme d'une cinquantaine d'années s'est avancé, cordial, le regard droit et loyal et pétillant de vivacité.

— Son Excellence le ministre des travaux publics.

Il nous offre le plus aimablement du monde d'entrer au salon, où le grand vizir viendra nous rejoindre aussitôt qu'il aura terminé sa correspondance officielle. « Car, ajoute-t-il, la Perse ne se gouverne pas toute seule, et Sa Majesté doit, de loin comme de près, veiller au bonheur de ses sujets. » Je ne me plains pas de ce retard. Mohadès el Mamalek est doué d'un enjouement agréable. Il est instruit, disert, communicatif. Il s'exprime merveilleusement en français : aucune nuance ne lui échappe.

— Il est certain, me dit-il en riant, que la France est ma seconde patrie. Chaque fois que j'y débarque, j'éprouve un coup d'émotion au cœur. Songez que j'y vins en 1859 pour terminer mes études, que je demeurai dix ans au lycée Saint-Louis, à Polytechnique, à l'École des mines. Vous ne sauriez croire comme j'aime mon quartier latin. Il est transformé. On y a bâti des maisons neuves. Mais on y retrouve les mêmes types, les mêmes cafés. Je me suis échappé l'autre soir. Je suis allé revoir tout cela. Que de souvenirs !... Et les grisettes !... Avez-vous encore des grisettes? Musette et Mimi?...

J'ouvre la bouche pour lui annoncer le trépas de Mimi et de Musette. Mais un valet s'est approché, s'est courbé jusqu'au ras du sol et a remis au ministre un large pli, dont il fait sauter le cachet. Il en tire un papier qui lui arrache un cri d'étonnement. Il m'indique, dessiné à la mine de plomb sur une feuille de bristol, un profil au-dessous duquel cette inscription est tracée :

Mohadès el Mamalek 1860.

C'est son propre portrait, qu'un copain de Saint-Louis a griffonné jadis et qu'il lui envoie. Ce camarade est maintenant colonel d'artillerie. Et sans doute il n'est pas fâché de rafraîchir la mémoire de l'ancien rhétoricien devenu ministre. Je puis lui affirmer que son gentil cadeau a été bien accueilli et que Mohadès el Mamalek s'y est montré fort sensible. Cette évocation des jours d'autrefois l'a remué et rajeuni. Il est en verve. Il me raconte divers épisodes de son existence : comme quoi, de retour dans son pays, il fut chargé par Nasser ed Dine de l'instruction scientifique de l'héritier présomptif, et par Sa Majesté Mozaffer, sitôt après son avènement, du soin d'établir des routes, de jeter des ponts sur les rivières et de créer en Perse des voies de communication confortables. Sa charge est, après celle du Sadre Aazam ou grand vizir, une des plus importantes du royaume.... Et ceci me conduit à l'interroger sur les droits et les privilèges respectifs du grand vizir et de ses collaborateurs.

— Le Sadre Aazam, dit-il, est le trait d'union nécessaire entre Sa Majesté et le reste des humains. Nul n'approche d'Elle, pas même ses ministres, sans passer par lui : il est le juge suprême de ce qu'il convient de lui soumettre. Il écarte de sa vue ce qui est susceptible de l'offenser, ce qui est dangereux, indifférent ou simplement inutile. Et cela est juste, puisque la confiance du roi lui confère la sagesse...

Cette « définition » du grand vizir m'emplit d'admiration et de crainte. Voilà le mortel que je vais contempler face à face et qui, depuis vingt ans, façonne à son gré tout un peuple! Effrayante autorité, subordonnée, il est vrai, au consentement du souverain, mais, — par ce consentement — sans limite. Le Sadre Aazam serait un monstre, s'il n'était le plus vertueux des hommes. Son Altesse Ali Asghar khan, je le sais, est vertueuse...

Tandis que je devise avec le ministre des Travaux publics, le salon peu à peu s'est garni. Tour à tour des personnages considérables y ont pénétré, le spirituel Nazare aga, ministre de Perse à Paris, le prince Malcolm, fin comme l'ambre; et sur leurs pas, sournoisement, se sont glissés les marchands qui faisaient le pied de grue tout à l'heure. Ils apportent leurs sacs de cuir, ils les déposent à terre; ils en retirent de coûteux colifichets qu'ils rangent minutieusement sur un large guéridon placé au centre de la pièce. Ce sont des bagues, des bracelets, des colliers, des étuis de vermeil incrustés de perles, des aigrettes, des rivières, des boutons de manchettes. Partout les brillants, les rubis, les saphirs scintillent. Ces diamants n'égalent pas le Daryaï-Nour, le trésor des shahs, qui vaut six millions de livres sterling et qui ornait, à ce qu'on prétend, la couronne de Cyrus. Mais ils jettent des feux convenables et sont montés de façon à fasciner le regard. Si j'avais à choisir parmi ces joyaux, je les voudrais plus discrets. Mais ce n'est point à mon intention qu'ils sont exposés. Et les jeunes secrétaires semblent les trouver assez à leur goût. Il les palpent, les soupèsent; ils enfilent les bagues, vident les écrins, déroulent les bracelets, pendant que les marchands, debout contre le mur, comme les licteurs dans les tragédies classiques, attendent que le maître de céans daigne paraître.

Et je vous assure que la scène est fort pittoresque, tout ensemble moderne et vieillotte, contemporaine du xxe siècle et du siècle de Louis XIV : cet appartement blanc et or, cette moquette à fleurs issue de quelque magasin de nouveautés ; sur la cheminée une colossale garniture de porcelaine de Sèvres ; sur la table un phonographe et une machine à écrire du modèle anglais le plus récent ; et, causant par petits groupes, s'abordant avec des salamalecs, des hommes à bonnets de loutre et d'astrakan, exactement conformes par le costume, et sans doute aussi par l'âme, aux Persans qui défilèrent à Versailles, en 1715, au milieu des pompes de la cour. Je ne dis pas que ce mélange soit esthétique. Mais il est savoureux. Et je m'en repais avec délices. Mohadès el Mamaleck, qui est la civilité même, voudrait bien ne pas me quitter ; malheureusement, à chaque minute il est dérangé ; des chambellans s'approchent de lui et lui murmurent à l'oreille quelques communications. Il me revient entre deux colloques, s'excusant beaucoup de ces interruptions perpétuelles. Il s'ingénie à m'amener des interlocuteurs qui le suppléent :

— Monsieur Kémal, peintre ordinaire de Sa Majesté.

Je presse les phalanges de M. Kémal, qui m'apprend avec douceur qu'il fréquente régulièrement au Louvre et y copie nos chefs-d'œuvre. Il y a plus d'un an qu'il s'est rendu à Paris pour se perfectionner dans son art. Il voudrait y demeurer davantage ; mais le roi lui intime l'ordre de regagner Téhéran. Il doit s'incliner et obéir. Au reste, il retrouvera là-bas ses parents, ses amis, et ses œuvres inachevées, et d'autres œuvres à entreprendre.

— Quel genre cultivez-vous ? Le paysage ? Le portrait ?

M. Kémal me répond, avec son inaltérable mansuétude :

— J'ai reproduit sur la toile l'Otaz-i-Almar, la chambre des diamants, la plus magnifique pièce du palais de Sa Majesté à Téhéran. J'ai employé cinq années entières à terminer ce tableau.

Le peintre ordinaire du shah est, à coup sûr, un peintre consciencieux.

Brusquement M. Kémal me quitte; toutes les personnes présentes disparaissent par la porte de l'antichambre; les joailliers battent en retraite, abandonnant leurs richesses. Dans l'immense salon, je reste seul avec le ministre des travaux publics et un troisième personnage dont l'arrivée a fait fuir les courtisans comme un vol de moineaux effarouchés.

C'est le grand vizir Mirza Ali Asghar khan.

Son Altesse m'invite à m'asseoir; elle me tend d'un geste impérieux et affable une cigarette que j'accepte avec reconnaissance. Mohadès el Mamalek, qui nous sert d'interprète, me fait signe que la conversation est commencée. Et je me sens furieusement embarrassé. D'abord, la haute condition du Sadre Aazam et son caractère m'intimident. Que suis-je, moi, chétif, auprès d'un tel potentat! Ensuite, que demander à un grand vizir qui ne soit ou banal ou impertinent? Lui parler du temps qu'il fait, de la pluie et du soleil, c'est lui donner une pauvre opinion de mon intellect. Et, d'autre part, si je le pousse sur la politique, ne me trouvera-t-il pas trop audacieux? Je m'épuise à chercher des propos ingénieux et piquants, et, comme il arrive toujours en ces occasions, j'accouche d'une platitude.

— Puis-je savoir ce que Son Altesse a trouvé de plus remarquable à l'Exposition?

Son Altesse répond. Et je suis frappé de l'accent mu-

Mirza Ali Asghar khan.

Le grand vizir et sa suite.

sical de sa voix. Les mots ne sont pas martelés, détachés les uns des autres ; ils glissent rapides dans une sorte de gazouillement d'oiseau. Et les phrases, qui débutent gravement, s'achèvent sur un petit rire nerveux. Je pense que cette harmonie aérienne et cette mobilité tiennent au génie de la langue. Il est visible que Ali Asghar khan possède une facilité d'élocution peu commune. Et je comprends, en examinant sa physionomie, qu'elle ait séduit successivement deux monarques, le père et le fils. Elle respire la bonhomie unie à la force.

Voici la réponse du Sadre Aazam à ma première interrogation :

— L'Expositien est si vaste et si merveilleuse, que l'on ne parvient pas à l'explorer. Quand on l'a vue, il faut la revoir. Et quand on l'a revue, on ne la connaît pas encore.

Je me demande si cette parole ne cache pas une secrète critique. On reproche généralement à l'Exposition l'immensité de son étendue, qui rappelle, à de certains jours, l'immensité du désert. Mais non ; toute intention satirique est loin de Son Altesse. Et, plus indulgente que les Parisiens, elle accorde des louanges sans réserve aux conceptions de M. Alfred Picard.

Puis, nous causons de la Perse, de son passé, de son avenir. Le grand vizir me dit combien il est heureux de constater que l'influence française y prédomine ; que dix mille Persans parlent couramment le français et que le nombre s'en accroît chaque jour. Ici, il ouvre une parenthèse pour s'excuser de ne pas s'entretenir directement avec moi. Il a toujours été si absorbé par les choses de l'État, et mêlé si jeune aux affaires, qu'il n'a pas eu le loisir d'étudier nos poètes et nos écrivains. Mais il les aime. Et il aime nos savants. Et il voudrait que leurs découvertes profitassent à sa nation et y fissent circuler la vie et que la Perse, dont la gloire remonte à des temps si fabuleux, en acquît une nouvelle et se remît à la tête de la civilisation.

— Cela vous est aisé, lui dis-je. Sa Majesté n'est-elle pas maîtresse de gouverner à sa guise? Rien ne résiste à sa volonté. Elle n'a pas de députés, de journaux qui l'embarrassent...

Une lueur furtive et malicieuse passe dans les prunelles du grand vizir.

— Nous avons, nous aussi, nos petits ennuis. Le Parlement n'existe pas en Perse, mais elle possède des *mouchteid*, ces saints prêtres qui incarnent les traditions séculaires et auxquels le peuple, en de certains cas, obéit aveuglément, se soulevant et s'apaisant à leur voix, renonçant, sur un signe d'eux, à ses plus chères habitudes et s'abstenant de fumer, s'ils l'exigent, ce qui est la plus dure privation que puisse s'infliger un homme ou une femme de notre sang.

Il ajoute aussitôt, comme s'il craignait que son discours pût prêter à de fâcheux commentaires :

— D'ailleurs, le plus parfait accord règne en ce moment entre le roi et son clergé.

Il me dit encore :

— Pour conduire un grand pays, il faut de l'autorité, de la justice et de l'adresse. Il faut, selon l'occurrence, lui imposer les réformes par la force, ou bien les réaliser sans qu'il s'en aperçoive et le placer soudainement devant les résultats obtenus. Les soldats suivent toujours un chef qui commande. Mais un chef faible est perdu. Le berger doit savoir où il mène son troupeau. Si c'est le troupeau qui dirige le berger, le loup sort du bois et les dévore.

Décidément, Son Altesse a le sens droit de la politique,

et il y a profit pour tout le monde à exprimer le suc de ses métaphores. Et maintenant, m'ayant remis, de son même geste ferme et caressant, une deuxième cigarette (cela s'appelle là-bas présenter le *kelian*), Ali Asghar khan s'extasie sur le charme de l'hospitalité parisienne et m'assure que le souverain en a été touché jusqu'aux larmes et qu'il en emportera, ainsi que ses ministres, un ravissement ineffaçable. La population a témoigné par un redoublement d'enthousiasme qu'elle désavouait l'acte de ce fou qui a tiré sur son hôte. Et Mozaffer lui a prouvé son ardente affection en reculant la date de son départ.

Vous voyez que Paris et le shah font assaut de coquetterie, et l'on se demande, en vérité, qui des deux aime mieux l'autre. Je sais bien que ces sentiments changeraient si le shah devenait roi de France ou de Paris pour une heure. Mais on peut se plaire, n'est-ce pas? sans avoir les mêmes idées. L'amour n'est point le mariage. Or, il est certain que Paris a un « béguin » pour le shah.

C'est ce que je tâchai de faire entendre respectueusement à Son Altesse... Après quoi, je pris congé...

... Et, derrière la porte, — patients et mélancoliques — les quatre joailliers espéraient toujours...

Madame Sada Yacco

Ma jeune amie, Mlle Boule-d'Épingle, ayant appris que la tragédienne Sada Yacco était dans nos murs, m'a vivement exhorté à l'aller voir. Elle m'a parlé de sa compatriote avec une admiration et une modestie qui m'ont touché. Il ne peut être question, entre elles deux, d'aucune rivalité. Mlle Boule-d'Épingle n'est qu'une petite *geisha* sans importance, une danseuse qui possède, à la vérité, toutes les grâces de son état et qui exécute avec distinction le pas de l'écharpe et le pas de l'éventail. Son art ne va pas au delà de ces exercices chorégraphiques.

Mme Sada Yacco jouit d'une renommée plus haute ; c'est une des rares femmes qui aient obtenu l'autorisation de paraître sur la scène, à côté d'acteurs véritables, et d'y jouer des pièces dialoguées qui ne soient pas exclusivement des pantomimes et des ballets. C'est ce qu'a essayé de me faire entendre Mlle Boule-d'Épingle par l'obligeant secours d'un interprète. Car Mlle Boule-d'Épingle ne sait pas encore un mot de français ; elle montre une incroyable paresse à s'assimiler les premiers éléments de notre langue ; il est dommage qu'elle n'applique pas à cette étude son intelligence naturelle (je vous ai dit qu'elle avait l'esprit très vif et les yeux spirituels). Mais quoi! Mlle Boule d'Épingle n'a pas l'intention de se fixer dans notre pays ; elle aspire au moment de rejoindre sa patrie. Et j'ai peur que tous les Parisiens, sans exception, ne lui inspirent une égale et profonde indifférence. J'ai pourtant été flatté de recevoir ses confidences au sujet de Sada Yacco. Elle a ajouté :

— Sada Yacco a joué la comédie à la cour de l'Empereur.

Et voulant m'indiquer à quel degré de gloire la grande actrice est montée, elle m'a dit encore, avec son plus fin sourire :

— C'est notre Sarah Bernhardt !...

Mme Sada Yacco donne ses représentations dans le théâtre que miss Loïe Fuller a fait construire à l'extrémité de la rue de Paris. L'édifice est mignon, original, d'une architecture un peu cherchée. Ses murs ondulent en vagues de flammes; il a l'air de se tordre dans les convulsions d'une danse serpentine. La Loïe Fuller a désiré que ce palais fût bâti à son image. Et, d'ailleurs, partout son image s'y étale: peinte sur la toile, ciselée dans des matériaux vils ou précieux, elle revêt cent formes diverses. Médaillons, bas-reliefs, cariatides, frises et bibelots d'étagères. Tout à l'heure, quand je suis entré, miss Loïe Fuller était en extase devant une statuette de marbre et d'ivoire la représentant dans ses évolutions familières, courant, les bras étendus, sa large jupe de gaze vibrante et papillonnante... Et de fait, elle avait raison d'admirer cet objet, où le sculpteur avait mis une rare délicatesse. L'ivoire de la figure et des mains et le marbre des étoffes mariaient leurs souplesses, leurs reflets, leurs transparences. C'était gentil au possible. Et miss Loïe Fuller ne cachait pas son ravissement.

Miss Loïe Fuller.

Peut-être ne connaissez-vous point, dans le privé, miss Loïe Fuller? En ce cas, sachez qu'elle est la plus gaie, la plus sémillante des ballerines. Elle possède un nez étrangement mobile et le plus fripon du monde, des dents éblouissantes, et une certaine fossette à faire damner les saints du paradis. Donc, miss Loïe Fuller se contemplait, elle frôlait du bout du doigt le marbre et l'ivoire, et gazouillait comme un oiseau :

— Quand je mourrai, je veux que l'on mette ma statue dans le jardin du Luxembourg... Elle fera très bien au milieu des arbres.

Et de rire!

A ce moment, arrive une dame aux yeux bridés, au teint jaune, vêtue à l'Européenne, sanglée dans une robe grise, coiffée d'un chapeau de paille un peu fané. La nouvelle venue n'est pas jolie. Oh non! Il y a même dans sa personne quelque chose de souffreteux, de pauvre, de médiocre. Miss Loïe Fuller l'a accueillie d'un geste affectueux...

— Immense artiste, me dit-elle. C'est Sada Yacco?

— Quoi! ce laideron...

— Attendez avant de la juger.

Je vais m'asseoir aux fauteuils d'orchestre, où de nombreux spectateurs sont empilés. Et le hasard, qui est parfois ingénieux, me donne, pour voisin, un officier de marine, voyageur infatigable, ancien camarade de Pierre Loti, et qui a passé quinze ans de sa vie sur les mers de Chine et dans les ports d'Extrême-Orient.

— Mon cher commandant, lui dis-je, avez-vous des « tuyaux » sur le théâtre japonais?

— Feuilletez-moi.

Et j'ai feuilleté le commandant qui, pendant vingt minutes et devant que les chandelles fussent allumées, m'a initié aux mœurs dramatiques des Nippons. Je transcris ici sa conférence en l'abrégeant. Je n'en retiendrai que l'essentiel.

Le théâtre n'existe guère au Japon que depuis trois siècles. Aux environs de l'an 1600, à l'époque où se formait en France le génie de Pierre Corneille, une troupe d'histrions s'installait à Kioto, dans le *Kawara*, lit à sec du fleuve Kawo, lieu réservé aux divertissements publics. Elle était gouvernée par une femme, la divine Okuni, qui ne tardait pas à acquérir, dans tout le royaume, une éclatante renommée. Okuni ne se bornait point, comme les danseuses ordinaires, à rythmer des poses voluptueuses ; elle mêlait à ces jeux des discours improvisés, des chansons, des réparties qui ravissaient le public par leur saveur piquante et imprévue. Les *Samouraï* s'assemblaient en foule sur les tréteaux d'Okuni et la comblaient de présents et de richesses. L'Empereur fut irrité de cet empressement. Il interdit aux *Samouraï* de se rendre au théâtre avec leurs armes, leur infligeant ainsi le plus sanglant affront et les condamnant à rester chez eux ; et il décida qu'aucune femme ne pourrait désormais jouer la comédie publiquement et que les rôles féminins seraient, à dater de ce jour, tenus par des hommes.

L'édit fut scrupuleusement observé jusqu'en 1871, année où le souverain actuel, S. M. Mutsu Hito, accomplit son coup d'État et ouvrit l'empire à l'influence des idées occidentales. Encore se montra-t-il récalcitrant sur le chapitre des comédiennes ; non certes par timidité d'esprit — mais les prescriptions de son aïeul qui les écartaient de la scène lui paraissaient sages. Il craignait que le théâtre, si cette défense était rapportée, ne tombât dans la licence, dans l'impudeur et ne s'écartât du genre historique qui assurait sa noblesse, et que l'on ne remplaçât les poèmes tirés de l'épopée nationale par des drames bas et grossiers. Présentement Mme Sada Yacco est avec Mme Ichi Kawagu et deux ou trois autres, la seule actrice envers qui la sévérité impériale ait daigné s'adoucir... Et, du reste, les craintes de Sa Majesté se réalisèrent. Il ne réussit pas à maintenir la littérature japonaise dans les sphères héroïques. Le goût de la vérité humaine l'a pénétrée. Les Japonais poussent l'exactitude du détail à un degré fabuleux. Ils ont des trucs étonnants pour simuler les supplices, l'effusion du sang; leur imagination se complaît dans le macabre et l'horrible. Ils vous ont une façon de décoller les gens en scène et de leur arracher la langue qui vous fait froid dans les moelles.

— Observez bien tout à l'heure, continue le commandant, la mort de Sada Yacco. Et vous me direz si ce n'est pas un chef-d'œuvre de réalisme.

Mais le gong a retenti. Et nous sommes devenus silencieux et attentifs au spectacle.

Le rideau s'est levé sur le premier acte de *la Geisha et le Chevalier*. C'est un tableau coloré, mouvementé et qui serait malaisément compréhensible si la direction du théâtre n'avait eu la prévoyance d'en résumer le sujet et de remettre cette sorte d'argument ou de guide-âne aux auditeurs. Il s'agit d'une aventure d'amour. Le chevalier Banza est violemment épris de la célèbre geisha Katsouraghi, qui, de son côté, est amoureuse d'un second chevalier, Nagoya. Or, Katsouraghi étant amoureuse de Nagoya, repousse nécessairement Banza. Et nécessairement Banza se prend à haïr Nagoya et médite de le perdre. Vous remarquerez que cette action a quelque analogie avec celle d'*Andromaque* et que le cœur du sombre et tumultueux Banza est gonflé de sentiments qui rappellent les fureurs d'Hermione. Si mon savant ami Gustave

Madame Sada Yacco.

Larroumet ou quelque professeur de Sorbonne analysait

la Geisha et le Chevalier il déduirait aisément ces ressemblances. Banza se venge de son rival à la japonaise, c'est-à-dire par des moyens brutaux. Il le provoque, il l'attaque, il le tuerait, si Katsouraghi ne se jetait entre les combattants et ne leur arrachait les sabres des mains.

Katsouraghi, c'est Mme Sada Yacco, non plus la naine, engoncée dans sa « robe tailleur » et mal chapeautée, que j'ai rencontrée au seuil des coulisses, mais une jeune femme superbement costumée, à l'allure fière, aux bras nerveux, aux regards pleins d'âme. Elle n'a dans cette partie de la pièce qu'à se montrer tendre et gracieuse ; elle l'est à souhait. Cependant son talent n'atteint pas à la sublimité que l'on m'avait annoncée et qui m'avait mis l'eau à la bouche. Jusqu'ici Mme Sada Yacco ne me paraît pas sensiblement supérieure à un premier prix de tragédie du Conservatoire. Elle meurt, nous dit-on, d'une manière inouïe. Réservons notre opinion jusqu'à l'instant de sa mort.

Le second acte nous introduit dans le temple de Dojoji. Le chevalier Nagoya s'y est enfermé avec sa fiancée, la suave Orihimé qu'il avait un instant abandonnée et trahie pour Katsouraghi. Il pense se soustraire aux obsessions de la geisha, le temple de Dojoji étant interdit aux courtisanes. Mais Katsouraghi ne renonce point à son amant. Elle l'a suivi, elle découvre sa retraite. Elle brûle d'y pénétrer. Et pour corrompre la vertu des prêtres commis à la surveillance du sanctuaire, elle use d'un procédé très ancien et infaillible, elle les séduit par ses danses et ses chants. Mme Sada Yacco s'acquitte délicieusement de ces exercices auxquels elle a été rompue dès l'enfance. Sa voix est faible ; on dirait du bruissement des roseaux caressés par la brise. Mais sa mimique est extraordinaire. Et qu'elle ploie sa taille comme une gerbe coupée, qu'elle la redresse orgueilleusement, qu'elle tourne sur ses petits pieds, qu'elle glisse avec la lente majesté d'une déesse, qu'elle imite l'enroulement de la liane flexible, le balancement de la fleur, le sautillement du colibri sur la branche — elle est exquise.

Toutefois, elle a d'autres mouvements à traduire que ces gestes. Katsouraghi n'est pas une baladine qui s'amuse à divertir des ministres de Bouddha ; c'est une amoureuse que torture la jalousie, la colère, le désir, tous les aiguillons de la passion déçue. Il est nécessaire qu'elle nous rende sensibles ces tourments et qu'ils transparaissent sous ses grâces.

Et voilà qu'en examinant Mme Sada Yacco, j'ai commencé de la trouver admirable. Il y a deux êtres en elle, l'être extérieur, l'être intérieur, l'être de joie, l'être de tristesse, et, par un artifice — si subtil qu'il échappe à l'analyse — elle réussit à les juxtaposer, si l'on peut dire, à les unir sans tout à fait les confondre, de telle sorte que nous les voyons se développer côte à côte, et que le personnage est double sans perdre pour cela son unité. Je ne sais si je me fais bien comprendre et si l'on ne va pas m'accuser de galimatias. Pourtant, il me semble que tous ceux qui applaudissent Mme Sada Yacco éprouvent ces sensations que j'essaye de définir, sensations complexes comme le génie de la comédienne et comme le personnage où elle s'incarne.

Katsouraghi danse; elle danse éperdument. Et tandis qu'elle agite avec allégresse ses tambourins, ses écrans et ses ombrelles, elle songe que derrière les murs inviolables du temple se tient caché ce qu'elle aime et ce qu'elle déteste le plus au monde. Elle frémit, elle palpite ; les prêtres supposent que c'est de plaisir, et c'est de colère ; une ardeur étrange s'allume dans ses prunelles. (Ah! ces yeux de Sada Yacco, je n'en ai jamais vu de si profonds!) Elle n'y tient plus, elle s'élance vers la porte du réduit sacré ; trois fois on l'en arrache, trois fois elle remonte à l'assaut; son énergie est décuplée par le désespoir; elle bouscule les brahmines qui l'accablent d'invectives. Elle entre enfin! Et elle ressort, traînant après elle sa rivale, la suave Oribimé ; et nous devinons, à l'altération de son visage, aux ravages que l'atroce douleur y a creusés, qu'elle n'a plus qu'un instant à vivre. Plus que son corps, son âme est blessée. Ils vont s'éteindre tous deux ensemble. Et nous allons assister à leur agonie, qui ne dure qu'une minute et qui est terrifiante. La mort approche; elle descend sur cette pauvre figure bouleversée. Le nez se pince, les joues se creusent, le regard se fixe avec effroi vers quelque monstre invisible. Est-ce illusion? Une sueur d'angoisse perle aux tempes de la mignonne geisha. Ses lèvres s'écartent dans un rictus, et se décolorent, et bleuissent; et, sans un cri, sa tête penche, elle tombe... Tout est fini.

— Eh bien! m'a demandé le commandant, êtes-vous satisfait?

Ma réponse n'était pas douteuse. Et pourtant une objection me travaillait que je n'eus pas le courage de garder pour moi.

— Vous prétendez, dis-je à mon voisin, que le talent de Sada Yacco est un talent réaliste. Vous me permettrez de n'être pas entièrement de cet avis. Si Sada Yacco eût voulu nous offrir le spectacle de la mort, fidèlement copié sur la nature, elle eût montré sa blessure béante, reproduit le râle, le hoquet des moribonds, et ces accidents affreux, qui nous demeurent si cuisants, à nous tous qui avons eu le malheur de perdre des créatures chéries.

J'estime, au contraire, que Sada Yacco atténue l'horreur de ce tableau, qu'elle l'épure et le dégage de ce qu'il pourrait avoir de trop répugnant, en maintenant jusqu'au bout l'esprit éveillé près de la matière, en les faisant décliner et s'éteindre en même temps, en nous donnant l'illusion simultanée de la double mort, physique et morale. Nous ne savons pas — remarquez-le — si elle succombe aux coups de poignard qu'elle a reçus, ou bien à l'excès de son chagrin. Par là, par cette mesure dans le dosage de l'idéal et de la réalité, Sada Yacco est incomparable...

J'aurais continué de la sorte indéfiniment. Mais je m'aperçus que le commandant ne m'écoutait plus. Il était absorbé par la pyrotechnie de miss Loïe Fuller. L'aimable ballerine ne valse plus comme autrefois, parmi les rayons multicolores, soit qu'elle n'ait plus sa légèreté aérienne, soit qu'elle ménage ses forces. Elle demeure en place et ce sont les mousselines de soie qui voltigent autour d'elle. Mais elle tire de prodigieuses ressources de la lumière électrique, elle s'y baigne, elle s'y roule, elle y respire. C'est son élément. Elle figurerait en perfection Proserpine, reine des Enfers, n'était son petit nez et son menton à fossettes qui appartiennent évidemment à la terre. Et il est difficile de décider à quel instant miss Loïe Fuller est la plus plaisante, lorsqu'elle envoie des baisers éperdus au public, ou lorsqu'elle disparaît au sein d'une immense tulipe immaculée, formée des plis mouvants de sa robe.

— Si nous buvions un bock ? proposa le commandant.

Nous le bûmes longuement. Il me parla de la Japonaise au point de vue passionnel et de Mme Chrysanthème, à qui il avait eu l'honneur d'être présenté, et du sort mélancolique des mousmés, que les Européens abandonnent après s'être servi d'elles et qui deviennent là-bas un objet de mépris et de risée.

... Tout à coup nous vîmes s'avancer une petite bourgeoise étriquée et gauche, vêtue de gris et coiffée d'un méchant chapeau de paille. Nous la saluâmes avec respect. C'était l'illustre tragédienne Sada Yacco qui regagnait sa *family house*...

Mon voisin, Monsieur le Maire

Rambouillet, 24 septembre.

On m'a dit que mon voisin, le maire de Craches, avait assisté au banquet des Tuileries. J'ai voulu savoir l'impression qu'il avait rapportée de cette solennité. Craches est une commune sise à douze kilomètres de Rambouillet, sur les confins du département d'Eure-et-Loir. Elle compte cent vingt-cinq habitants, et son maire, M. Eugène Clouzeau exerce le noble métier de cultivateur. C'est un bon fermier de Beauce. Je ne connaissais pas M. Clouzeau. Mais on me l'a vanté dans le pays comme un homme sage et jovial, ayant le jugement sain et le mot pour rire : un type de Français de la vieille race. J'ai donc, hier dimanche, enfourché ma bicyclette et me suis dirigé vers son logis.

Je n'ai pas eu de peine à le découvrir. M. le maire habite la plus belle maison du village, carrée et cossue, bâtie en briques neuves, entourée d'étables et d'écuries, où plusieurs douzaines de vaches et de chevaux tiennent à l'aise. Les volets en sont clos, et je crains que M. le maire ne soit absent de chez lui. Peut-être s'est-il attardé à Paris, afin d'épuiser les délices que la munificence de l'État lui a ménagées. Un gamin qui flâne aux alentours me tire d'erreur.

— M. Eugène est dans le bois, me dit-il.

— Où est ce bois?

— Derrière l'église.

— Où est l'église? Je ne vois pas le clocher.

— Y a pas de clocher!

— Veux-tu m'y conduire?

Nous voilà partis tous deux à la recherche de « monsieur Eugène »... Mon jeune guide m'apprend que monsieur Eugène va souvent chasser dans le bois et qu'il y possède un « cabinet », sorte de pavillon où il s'abrite contre les ardeurs caniculaires. Décidément, M. Eugène Clouzeau apprécie ce qui rend la vie aimable ; il m'a l'air d'être un joyeux épicurien.

— Monsieur l'maire! monsieur l'maire! C'est du monde pour vous!

Mon garçonnet s'égosille. Une voix sonore lui réplique... Les arbustes s'écartent, M. le maire de Craches apparaît dans le sentier.

Il est superbe...

Vêtu d'un vieux veston lavé par la pluie et rongé par le soleil, le col largement ouvert, les pieds chaussés de bottes épaisses, le chef coiffé d'un feutre bosselé, le fusil en bandoulière, les joues et les mains tannées, il marche d'un pas ferme à ma rencontre, escorté de son chien. Et tout de suite je suis séduit par l'honnête aspect de son visage. La moustache grise, les cheveux drus et courts, taillés en brosse, évoquent l'image du soldat laboureur de Charlet ; l'œil est franc, encore qu'il y flotte cette expression d'instinctive défiance du paysan à l'égard de l'étranger. M. le maire a soulevé son chapeau.

— A vot'service!... Que demandez-vous?

Et je suis fort embarrassé. Je n'ose aborder le sujet qui me tient au cœur et montrer une curiosité qui pourrait sembler suspecte. Il faut commencer par lier conversation.

— Expliquez-moi donc, je vous prie, pourquoi votre église n'a pas de clocher... Je suis archéologue et m'intéresse aux vieux monuments.

M. Eugène Clouzeau part d'un grand éclat de rire :

— C'est toute une histoire !...

Il se met en devoir de me la conter. Ce clocher n'existe plus depuis six mois. Il s'est écroulé, par un soir du mois de mars. Ses murailles branlantes n'ont pas résisté à l'assaut des vents du nord. Songez qu'elles dataient du XIIIe siècle et qu'elles n'avaient presque jamais été réparées. Et maintenant il s'agit de les reconstruire et de replacer au sommet de l'édifice le coq doré qui s'est cassé le bout d'une aile en tombant. Les citoyens de Craches se sont cotisés. Ils ont réuni près de mille écus. Mais ce n'est pas suffisant et la souscription n'avance guère.

— Vous comprenez, la religion n'a rien à voir là-dedans. Mais une commune sans clocher ça n'est plus une commune. Ça fait mauvaise figure !

Tandis que M. le maire m'expose ces événements, nous sommes entrés dans les étroites allées du bois, où règne une exquise fraîcheur. La cime des bouleaux et des peupliers frémit sous la brise ; des odeurs amères montent du sol ; une tiède douceur nous enveloppe, — la splendeur des belles journées d'automne. Mon compagnon se dilate, s'épanouit au sein de cette atmosphère agreste.

— Ma foi, dit-il, on est tout de même mieux ici qu'à Paris !

Et, dégageant, d'un geste familier, la chemise de coutil qui enserre son cou robuste, il ajoute :

— Et puis, on n'a pas besoin de se mettre en costume de cérémonie !...

Nous arrivions au moment psychologique.

— C'est vrai, dis-je négligemment, vous assistiez au

fameux déjeuner du président... Cela s'est bien passé? M. le maire est déjà parti sur cette nouvelle piste. Je n'ai qu'à prêter l'oreille à son discours. Il s'est de lui-même engagé dans la voie des confidences.

Vous avez lu, je suppose, la chanson de Désaugiers qui renferme l'analyse de la *Vestale* par Cadet Buteux et le compte rendu d'une représentation à l'Opéra. Cadet Buteux a de la simplicité et de l'esprit. M. le maire de Craches est un peu moins naïf que Cadet Buteux, mais il n'est pas moins spirituel. Je voudrais vous rendre, avec ses propos, sa mimique, le pétillement de ses yeux malins et sa verdeur communicative. Il ne m'a pas fait grâce d'un détail, et je ne m'en plains pas, car il m'a montré des choses que je n'avais point aperçues et m'a transporté, par delà la rampe, dans la région où vibre l'âme des maires.

Il m'a narré son arrivée à Paris, le matin, par la gare Montparnasse, au milieu d'un flot de Bretons bretonnants qui semblaient tout ahuris du mouvement de la capitale et qui lui demandèrent de les guider vers l'endroit du festin. Quand ils débouchèrent sur la place de la Concorde, ils eurent un vrai succès. Ils ne voyaient autour d'eux que des faces un tantinet gouailleuses, mais sympathiques. Leur défilé divertissait étrangement les Parisiens.

— Vivent les maires !

— Oh ! là là ! c'te binette !

— Brosse ton chapeau !

— Ton écharpe est de travers !

Les quolibets, les interpellations se croisaient. C'était un tapage infernal. M. Eugène Clouzeau ne s'en est nullement senti offensé. Pourtant il croit devoir protester, au nom de la justice, contre ces trop faciles plaisanteries :

— J'ai assisté au banquet de 1889. Si vous saviez la

différence! En 1889, la moitié d'entre nous étaient des incultes, des rustiques. Ils portaient des vêtements impossibles qui leur venaient, bien sûr, de leurs pères. Et des têtes! si vous aviez vu ça, des têtes d'avant le déluge. Ils ne se tenaient pas trop bien à table. Ils levaient l'coude. Ils mangeaient gloutonnement. Hier, on n'a rien eu à nous reprocher. Nous étions, à c'que je crois, très convenables. Et nos habits étaient propres... Dame, c'est qu'on fait du chemin, en onze ans! On s'éduque, on lit les journaux, on se sert chez les tailleurs du chef-lieu. Enfin quoi! on devient des hommes civilisés!

Pendant que M. Clouzeau m'expose ses idées sur le progrès, je songe à la loi mystérieuse qui entraîne les campagnards vers les villes et les pousse à se modeler sur les citadins, en renonçant aux traditions, aux habitudes provinciales. Mouvement irrésistible, par où se manifeste l'évolution de l'humanité. Et j'observe M. le maire de Craches; j'admire son assurance, l'aisance de son maintien et la dignité cordiale avec laquelle il balance son fusil et se carre dans son gilet et son pantalon de toile brune.

— Je suis ici chez moi. Cette terre m'appartient. Et, quoique paysan, je suis le premier de ce village.

Si M. le maire ne me dit pas ces choses, il les pense assurément. Il éprouve une évidente délectation à me piloter dans son domaine. Nous y décrivons mille détours. Et soudain une maisonnette se dresse à vingt pas, au centre d'une clairière; des ruches y sont adossées; son toit de tuiles rouges éclate parmi les branches.

— Vous ne refuserez pas de vider un verre dans mon *cabinet*.

La clef est sur la porte. Il n'y a qu'à se donner la peine d'entrer. Le cabinet se compose d'une seule chambre blanchie à la chaux, meublée d'une douzaine de chaises de paille et d'une planche en bois blanc, posée en équilibre sur des tréteaux.

— A présent, allons à la cave, s'écrie M. le maire.

Il soulève une trappe, saisit le bout d'une corde qui y est accrochée, la tire à lui et amène un panier où reposent, moelleusement couchées sur un lit de mousse, quatre bouteilles de bière et deux bouteilles de vin blanc. Mon hôte est prévoyant. Il se garde toujours une poire — ou un flacon — pour la soif. La bière mousse dans nos gobelets. Nous trinquons. Il nous semble, à tous deux, que nous sommes amis.

Mon cher maire, avez-vous apprécié la cuisine de M. Loubet?

M. Clouzeau se recueille, avant de répondre à cette importante interrogation.

— J'vas vous dire. Un meunier de Seine-et-Oise a critiqué le pain qu'on nous a servi. Paraît qu'il n'était pas assez cuit. Mais la viande était grasse et de bonne qualité. Leurs machines (comment appellent-ils ça?) à la Saint-Hubert, leurs ballotines, étaient joliment troussées. Mais ce qu'il y avait de fameux, c'était le grave et le champagne, surtout le grave... Cré matin!

Un claquement de langue significatif me montre que M. Clouzeau a gardé dans la bouche le goût de ce bon cru bordelais. Mais, tout à coup, il s'interrompt :

— C' que l'argent a dû couler pour organiser un pareil gala! Ils ont déboursé plus d'un million!

Je ne puis indiquer à M. le maire un chiffre précis. Mais je loue, comme lui, le président de la République de n'avoir pas regardé à la dépense pour recevoir dignement ses invités.

— Oui, oui, reprend le maire, le président a fait gran-

Le Président de la République, défilant devant les maires.

dement les choses. Et puis (ajoute-t-il, en clignant de la paupière, d'un air finaud), c'est p' t' ête ben nous qui avons payé tout ça ! !

Oh ! la roublardise rurale, qui se défend contre la reconnaissance de l'estomac ! Cependant M. le maire de Craches ne veut pas que je me méprenne sur la signification de ses paroles. Il m'assure que la tête de M. Loubet lui revient. Il ne l'avait encore contemplée qu'en photographie. La plupart de ses collègues étaient dans le même cas. Aussi, quand ils pénétrèrent, après déjeuner, à l'Elysée, étaient-ils impatients de contempler au naturel le chef de l'État. Le meunier de Seine-et-Oise, qui médisait du pain officiel, mais qui s'était rattrapé sur la purée septembrale, manifestait une ardeur extraordinaire :

— Où est Loubet? s'écriait-il. Je veux le voir ! Mais, n... de D..., où est-il donc, ce Loubet?

Et M. le maire, qui m'a mimé d'une façon très comique la démarche extravagante de son camarade, le meunier de Seine-et-Oise, ajoute d'un ton posé :

— Nous l'avons vu. Eh bien! franchement, il a une tête de brave homme. Mais c'est surtout Mme Loubet qui nous a plu. Elle est gaie, cette femme ; ça l'amusait de nous accueillir dans ses salons. N'est-ce pas, ça la changeait des ambassadeurs ! Elle n'a pas cessé de rire jusqu'à ce que la musique ait joué la *Marseillaise*. Alors elle ne riait plus. Personne ne riait plus. Nous étions tous découverts. Nous chantions en chœur le refrain. Et vous le croirez si vous voulez, ça nous picotait au coin des yeux... A la vôtre !...

Nous avons levé et choqué nos verres, fraternisant dans notre commun attachement à la République.

Mais je ne suis pas satisfait; je voudrais entrer plus avant dans la conscience de M. le maire de Craches et lui arracher quelque opinion catégorique sur la politique du gouvernement. Je risque une phrase insinuante :

— Le discours du président...

O surprise! J'ai le sentiment que M. le maire se retire en sa coquille : tel un escargot qui rentre ses cornes —, soit qu'il ait peur de se compromettre, soit que les idées générales lui fassent défaut. La confiance qu'il me témoignait tout à l'heure a disparu; ou, du moins, elle paraît ébranlée. Ce verbe, dont j'appréciais la décision et la netteté, tergiverse maintenant; ce regard loyal hésite.

— Le discours de M. Loubet ?... J'étais trop loin pour l'entendre.

— Mais on vous l'a remis imprimé.

— Je ne l'ai pas lu...

— Mais les beaux programmes de la fête, la République écarlate, dans son soleil d'or ?

— Je ne sais plus ce que j'en ai fait.

Épuisez-vous donc à composer des chefs-d'œuvre pour perpétuer le souvenir d'un jour historique! M. le maire de Craches descend de plusieurs degrés dans mon estime. Toutefois, je soupçonne que, sous son indifférence, une arrière-pensée se dissimule. Il a la pudeur de ses convictions intimes; il lui répugne de les dévoiler au premier passant venu. Et d'ailleurs, à quel titre ce bicycliste, qui se dit archéologue, s'érigerait-il en confesseur ? Comme la plante nommée sensitive, M. le maire se ferme à l'approche du danger ; dès que le danger s'éloigne, il rouvre ses pétales, il redevient bon enfant. Il ne tolère pas qu'on le sonde au sujet des principes, mais pour tout le reste il se laisse feuilleter. C'est un anecdotier intarissable.

—Vous ne devineriez jamais, reprend-il, comment s'est terminé mon voyage...

— Je n'essaierai même pas.

— J'avais emmené toute ma famille à Paris...

— Eh bien?

— Je l'ai perdue !...

L'excellent maire se tord dans des convulsions inextinguibles.

— Oui, continue-t-il en se tenant les côtes, nous n'avons pu nous joindre à la gare. Et, vous voyez, je suis seul... Les autres sont restés à l'Exposition. Bah ! ils sauront bien retrouver le chemin de Rambouillet !

Nous avons regagné le village à travers champs. Maintenant, M. le maire me fait part de la chronique locale. Il m'explique le procès qu'il soutient contre une compagnie d'assurances, il se plaint de la cherté croissante de la main-d'œuvre. Et, durant ce monologue, ma rêverie distraite s'égare le long des sillons, et flotte au-dessus des pâturages, jusqu'à l'horizon lointain où commence à s'amasser la brume du soir. Puis il me parle encore de son malheureux clocher et de l'égoïsme de certains châtelains du voisinage qui gaspillent vingt mille francs par an pour leurs chasses et ne se fendent pas d'un *maravédis* pour rendre à l'église de Craches sa splendeur.

— Monsieur le maire, permettez-moi d'ajouter mon humble offrande à celles que vous avez réunies.

Là-dessus, nous avons échangé un vigoureux *skakehand*, M. le maire a sifflé son chien Bosco, et j'ai sauté sur ma bicyclette...

Types de l'Exposition

I. — Silhouettes de passants.

Nous autres, Parisiens, nous sommes un peu blasés sur l'admirable spectacle que nous avons depuis bientôt six mois sous les yeux. Pourtant, les gros chiffres qui paraissent chaque matin dans les feuilles ne laissent pas de piquer notre curiosité. Six cent mille, cinq cent mille, quatre cent mille entrées! Des populations de capitales se pressant dans l'enceinte du Trocadéro, du Champ-de-Mars et des Invalides, cela est proprement fabuleux. J'ai voulu voir comment se comportaient ces innombrables visiteurs accourus de tous les points de la France, de l'Europe et du monde. Et j'ai choisi l'après-midi d'un dimanche pour accomplir cette petite promenade ethnographique.

Les ponts, les avenues, les quais, la rue des Nations, toutes les voies de l'Exposition, grandes ou petites, débordaient. Et d'abord je remarquai que les gens qui s'y pressaient appartenaient pour la plupart aux classes laborieuses, aux artisans, aux bourgeois modestes. De gros souliers, des vestons ou des redingotes sorties de l'armoire et présentant cette physionomie particulière un peu empruntée et raide, des vêtements qui sont rarement portés. Beaucoup de robes de grosse laine, beaucoup de costumes de voyage en cheviote anglaise. Presque pas de toilettes raffinées ou simplement élégantes. Les clubmen et les mondaines ne sont pas là ; soit que cet encombrement les effarouche, soit que les premiers jours d'automne les retiennent à la chasse ou dans leurs châteaux.

Donc, je me suis assis devant une tasse de café au coin du pont d'Iéna et j'ai regardé en bon badaud les figures qui défilaient entre le Palais de l'Algérie et la Tour Eiffel. En voici quelques-unes, croquées au naturel et telles qu'elles me sont apparues... C'est un jeu très amusant de tâcher de deviner l'état d'âme, l'origine et la condition sociale des individus qui passent, à la seule inspection de leur allure et de leurs visages.

Un gros homme barbu et chevelu... Des bésicles d'or chevauchant sur son nez épais. Il marche lourdement, d'un pas égal et tranquille. Il y a en lui un je ne sais quoi qui indique l'ordre, la méthode, l'habitude du travail régulier et consciencieux. C'est un professeur ou un ingénieur d'outre-Rhin, peut-être un industriel ou un simple maître d'école. Il traîne après soi toute une smala, composée de son épouse et de ses trois filles. La mère est une brave femme, qui n'a pas d'autre prétention que de tenir son ménage et d'élever ses enfants. Elle est totalement dénuée de coquetterie. Son embonpoint lui rend la marche pénible. Elle est congestionnée et désirerait bien se rafraîchir dans une de ces brasseries où l'on boit de la bière de son pays. Mais le mari ne l'entend pas ainsi. Il n'est pas là pour s'amuser. Il accomplit un voyage d'étude. Il veut en rapporter une moisson de notions précises. Il explorera toutes les galeries, sans exception,

LES ALLEMANDS A L'EXPOSITION. — Un gros négociant enrichi et sa nombreuse progéniture.

depuis les tissus jusqu'aux machines à fabriquer la glace artificielle, depuis la traction électrique jusqu'à la pédagogie. Il communique le fruit de ses observations méticuleuses aux trois jeunes *fraulein* qui en font profit et qui vibrent comme lui-même d'une fierté intense, en constatant la bonne tenue de l'exposition allemande. Nos voisins sont ardemment patriotes; ils sont chauvins comme nous disons ici. Avec cela, peu enclins à la dépense. Circulent munis de tickets économiques. Rentreront sagement dîner à l'hôtel, de peur de se laisser entraîner.

Autre type... Soixante ans... La face rasée, tannée par le vent, cuite par le soleil ; les mains noueuses et parcheminées. Celui-là, je n'ai pas besoin de l'interroger pour connaître son histoire. C'est un honnête campagnard, peut-être le maire de sa commune. Depuis vingt ans il n'en était pas sorti, remplissant ponctuellement ses multiples devoirs de bon cultivateur et de magistrat municipal. Jadis, il ne possédait qu'un lopin de terre que son père lui avait laissé. Et peu à peu, par suite d'un labeur acharné et d'une lente accumulation d'efforts, le minuscule domaine s'est arrondi. On ne mangeait pas de viande ; on déjeunait d'une sardine et d'un oignon cru ; on n'allait pas au cabaret; on se levait à quatre heures, on se couchait à sept, comme les poules ; mais aux environs de la Saint-Sylvestre, on avait amassé de quoi acquérir le coin de vigne ou de pâturage longtemps convoité. Oh ! la toute puissance de l'épargne ! Je les ai vus de près, naguère, ces paysans. Au temps de mon enfance, alors que je vivais auprès d'eux, il m'arrivait de railler la rusticité de leurs manières, et cet amour de l'argent que je traitais d'avarice. Maintenant je les admire, car je sens bien que c'est en eux que résident les forces protectrices de la France, l'inépuisable réserve de travail et d'énergie qui lui a permis, tant de fois, de réparer ses désastres.

Notre homme ne s'est donc jamais accordé une heure

Les camelots de l'Exposition accostant les promeneurs.

de loisir. Cependant, l'autre jour, il s'est décidé à se

rendre à l'Exposition universelle dont son journal lui apporte régulièrement d'éblouissantes descriptions. Il ne veut pas mourir sans avoir aperçu ces merveilles; et, néanmoins, il lui est douloureux de vider son bas de laine. Alors il s'est mis en quête d'un ami, d'un ancien compatriote, devenu citadin et qui consentira à lui offrir l'hospitalité. Il a voyagé en troisième classe; il a débarqué à l'aube chez le vieux camarade qui lui a fait bon accueil, quoique pestant tout bas contre l'invasion de ces damnés provinciaux... Et le voilà heureux de s'être assuré, par ces sages précautions, contre l'avidité des restaurateurs et les redoutables pièges de la capitale... Il est ravi... Mais à mesure que la semaine s'écoule, il est pris d'une vague nostalgie; il pense à ses troupeaux; à son moulin, aux travaux qui l'attendent; il est saoul de bruit et de mouvement; et il regagne sa solitude avec plus de joie qu'il n'en avait eue à la quitter...

Un volume ne suffirait pas à fixer la silhouette de tous les originaux qui pullulent à l'Exposition. Il n'est pas, je suppose, une catégorie qui n'y soit représentée : ouvriers endimanchés, ménages d'employés suivis d'une nichée d'enfants et du grand-père et de la grand'mère, et qui déjeunent, tous en rond, sous les arbres; curés de village aux soutanes saintement râpées; caravanes britanniques de l'agence Cook; créoles au teint basané, aux cheveux crépus; Espagnols cravatés de vert et de rouge; femmes de chambre et petites bonnes en congé dominical; sous-officiers tirés à quatre épingles et soldats de deuxième classe, camarades de chambrée allant deux par deux, avec cet air candide qu'a si bien su reproduire l'inimitable Polin. Enfin que vous dirai-je? Ce microcosme est l'image lilliputienne de la société, considérée sous ses aspects les plus pittoresques.

Tandis que je me divertis à l'observer, j'entends le patron du restaurant qui murmure :

— Mauvais public! Ça n'est pas chic!.. Ça ne consomme pas!

Il y a du vrai dans ces plaintes. L'Exposition de 1900 aura eu un caractère franchement populaire et démocratique. Et ceci, après tout, n'est point pour nous chagriner..

II. — Ames noires.

Je passais hier devant le panorama de Madagascar ; et, quoique la température fût clémente, j'aperçus quelques nègres qui frissonnaient, frileusement enveloppés dans leurs pagnes. Je m'approchai d'eux, je leur adressai des paroles dont ils ne saisirent point le sens, mais auxquelles ils répondirent en me montrant leurs dents éclatantes. Ces indigènes souriaient, et leur sourire était mélancolique et navré. Je ne retrouvais pas sur leur visage cette insouciance et cette gaieté empressée et servile qui caractérisent la race noire. Je crus d'abord que la tristesse, où ces hommes étaient plongés, venait de leur âme ; qu'ils songeaient au village absent et désiraient passionnément y revenir. Et déjà je m'attendrissais sur ce noble sentiment. Mais je fus promptement tiré d'erreur. Un moricaud m'aborda avec beaucoup de civilité et me fit une révérence gracieuse. Puis, me désignant ses camarades, il me dit :

— Froid... Vent méchant... Ciel vilain... froid, très froid! Brrr!...

Un tremblement significatif ponctua ces mots. Le pauvre diable était gelé, ainsi que tous les naturels accroupis dans leurs paillottes. De là leur désolation, cet air morne et rêveur qui m'avait ému. Je croyais que le

Malgache, comme Mignon, regrettait sa patrie. Il ne regrettait que son soleil. Si le thermomètre était monté de vingt degrés, tous ces gaillards se seraient mis à danser la bamboula en poussant des cris de joie.

Tirailleur malgache.

A ce moment, un grand diable, qui devait être un ancien troupier d'Afrique et que la direction du panorama avait embrigadé à cause de sa taille de tambour-major, s'avança sur le seuil et exhorta la foule à le franchir ; le boniment qu'il débitait avait été visiblement appris par cœur ; il l'enjolivait de réflexions personnelles qui n'étaient pas marquées au coin du plus parfait atticisme ; et, pour les rendre plus piquantes, il joignait le geste à la parole.

— Entrez, mesdames et messieurs ! venez contempler l'île de Madagascar, conquise par le général Duchesne et ses vaillants soldats... Une petite ballade à Tananarive, sans quitter Paris. Ça ne se fait pas tous les jours ! Et ça n'est pas cher ! Venez, mesdames et messieurs, voir flotter le drapeau français sur Tananarive !

Et se tournant vers l'un des nègres, immobiles à la porte du pavillon, il lui prit le menton familièrement, lui tapota les joues et ajouta d'un ton goguenard :

— Pas vrai, mon brave! Vous n'en meniez pas large quand nous bombardions Tananarive! Sans rancune, vieux brûlot... Tiens! je te la serre!

Il lui secoua la main énergiquement. Il y avait dans ces effusions une insolence dont le bon Hova ne paraissait pas froissé. Ses yeux s'arrondissaient en boules de loto, sa bouche s'écartait dans un large et jovial rictus. Le public faisait cercle et semblait s'amuser de ce spectacle. J'en étais, pour ma part, secrètement offensé. Je n'aimais pas les lourdes plaisanteries du barnum; je pensais qu'il manquait de délicatesse et de générosité, et qu'il est vraiment trop facile d'accabler un malheureux moricaud qui se trouve transplanté à quatre mille lieues de son pays. Cela est peu magnanime. Ce beau parleur aurait eu quelque mérite à faire de l'esprit s'il s'était trouvé, seul Européen, dans une tribu sauvage. Mais sur la colline du Trocadéro, à trois cents mètres de la tour Eiffel!...

Milicien malgache.

Donc, j'étais horriblement choqué de ses facéties. Et je ne l'étais pas moins de la passivité de sa victime. J'eusse voulu un éclair d'indignation, un mouvement de révolte, ou bien un silence fier et dédaigneux, un signe qui m'indiquât qu'elle sentait l'injure et contenait sa fureur. J'exprimai les impressions tumultueuses dont j'étais agité à l'ami qui m'accompagnait, un vieux colonial que ses voyages ont rendu sceptique. Il s'est frotté à tous les nègres de l'univers et sa conversation est très instructive.

— Vous voilà bien, ô Français ! s'écria-t-il. Vous assimilez l'âme blanche à l'âme noire. Elles n'ont entre elles presque aucun rapport. Elles s'opposent comme la nuit et le jour. Les ressorts qui font mouvoir l'une n'ont sur l'autre qu'une action légère. L'une est accessible à l'émulation, à l'amour-propre, à la gratitude, influencée, souvent, par des mobiles nobles, où l'appétit de la gloire a plus de part que l'intérêt. L'autre est réellement basse. Elle n'a de respect que pour la force. Vous pourrez vous attacher un Européen, à quelque race qu'il appartienne, en lui témoignant de la bonté. Vous ne rendrez un nègre fidèle et dévoué qu'en le dominant. Il faut qu'il aperçoive en vous un être supérieur, non seulement par l'intelligence, mais par la puissance de ses armes, ou de ses muscles, ou de la civilisation redoutable qu'il représente. Et quand vous l'avez vaincu, il lui semble légitime que vous profitiez et même que vous abusiez de la victoire. Il vous mépriserait d'agir différemment. Ce gardien, dont les sottes pantalonnades vous ont déplu, est, à l'égard du Malgache qui lui servait de plastron, un maître, c'est-à-dire que le Malgache entrevoit, derrière lui, la garnison de Tananarive et le képi doré du général Gallieni. Et s'il ne se fâche pas, c'est moins encore par crainte d'un châtiment, qui ne pourrait être bien rigoureux que par l'instinct traditionnel qui le porte à subir, sans se plaindre, les lois de la guerre.

Longtemps ainsi mon compagnon continua. Il me conta ses aventures, me décrivit des scènes de pillage et d'incendie dont il avait été témoin. Il me montra des nègres, émancipés par la femme d'un planteur, et l'assassinant au cours d'une émeute, pour lui voler ses bijoux. Il me cita

Les promeneurs dans les sections de l'alimentation. — Les moulins.

dix autres traits de barbare ingratitude. Puis, passant à des anecdotes d'un ordre moins tragique, il me prouva que la férocité de l'homme noir n'a d'égale que sa vanité bouffonne.

Un jour, certain insulaire d'Haïti, enrichi dans le commerce de la canne à sucre, débarque à Paris avec un carnet de chèques bien garni et des diamants à sa cravate, — noir comme l'enfer et scintillant de mille feux comme le soleil. Il avise un décrotteur sur le boulevard, lui tend ses bottes, et tandis que l'humble artisan, courbé contre le sol, s'applique à les vernir, il lui crie :

— Frotte, frotte, mauvais blanc !... Frotte, frotte !

L'autre achève sa besogne, empoche ses quatre sous, puis envoyant sa brosse, humide de cirage sur la figure du moricaud, il riposte :

— Ça ne te change pas beaucoup, mais ça me soulage !

M'ayant narré cette historiette, mon ami conclut :

— Vous avez, tous tant que vous êtes, l'imagination et la sensibilité perverties par la *Case de l'oncle Tom.*

Possible ! Et pourtant j'eusse souhaité que le sergent du Panorama de Madagascar fût moins agressif, ou que le pauvre petit nègre de Tananarive lui répondît avec plus de crânerie...

III. — L'homme et la machine.

Voici ce que j'ai vu à l'une des portes de l'Exposition :

Il y avait, d'un côté, tout contre l'enceinte, un vieil homme qui, sa boîte et ses brosses près de lui, se tenait à la disposition des promeneurs pour décrotter leurs chaussures. Il paraissait avoir dépassé la soixantaine ou plutôt il n'avait pas d'âge. Déguenillé, sordidement vêtu d'une blouse en toile grise que d'innombrables taches souillaient ; chaussé de godillots éculés ; coiffé d'un feutre que les averses du ciel avaient lavé et nuancé de couleurs vineuses, il avait l'air d'un mendiant ou d'un chemineau. Sa face était couturée de rides profondes. Ses cheveux blancs ébouriffés faisaient songer aux moujicks misérables sur lesquels Tolstoï épanche le trésor de sa compassion fraternelle. Il demeurait immobile et morne, attendant que les passants fissent appel à ses soins. Hélas ! Ils ne s'arrêtaient pas. La température était clémente ; et puis, pour arpenter les allées et les galeries du Champ-de-Mars, on ne se met pas en frais de coquetterie.

A dix pas du bonhomme, une foule assez nombreuse était assemblée, entourant un objet dont je ne discernai pas d'abord la forme. Je m'approchai, et j'aperçus ce qui motivait ce mouvement de curiosité. C'était une sorte d'outil d'une structure ingénieuse et singulière. Deux montants de métal peints en rouge vif ; au bas, trois trous béants ; au sommet de l'édicule une plaque de cuivre où ces mots se détachaient : *Auto-cireur*, *breveté s. g. d. g.* D'autres inscriptions indiquaient au public le maniement de l'appareil. Il est automatique. On introduit dix centimes dans une fente pratiquée à cet effet ; on insinue sa bottine en des jeux de brosses qui se mettent à tourner rapidement. Et, en vingt secondes, l'opération est terminée. Vous sortez de là propre comme un sou neuf.

Les badauds, amusés, regardaient ce spectacle ; et, pendant ce temps, le pauvre décrotteur restait debout, piteux et délaissé. Ému de sa solitude, j'allai le joindre, quoique mes souliers n'eussent aucunement besoin d'être « rafraîchis ». Aussitôt, il se baissa avec un empressement qui trahissait sa secrète joie ; il releva respectueusement le bas de mon pantalon et saisit ses instruments.

— Eh bien ! mon brave, lui dis-je, on vous fait concurrence là-bas.

Il s'arrêta, et je vis passer dans ses yeux comme un éclair de colère.

— N'm'en parlez pas, m'sieu ! Ça n'devrait pas être permis d'inventer de ces dégoûtantes mécaniques. Car, enfin, ça trompe le monde ! Ça à l'air de cirer et ça n'cire pas !

Le vieil homme avait un accent faubourien qui sonnait lugubrement dans sa bouche usée. C'était un « titi » sexagénaire. C'était Gavroche invalide. Remarquant que j'écoutais ses propos, il continua :

— C'est très difficile, monsieur, de bien cirer. Il ne faut pas traiter le veau comme le chevreau, le cuir culotté comme le cuir neuf... Vous comprenez... Faut veiller à ce qu'on fait... Faut y mettr'un peu d'cœur et d'intelligence.

Et, joignant l'exemple à la théorie, voulant me prouver qu'il était expert en son art, le pauvre diable s'escrima sur mes brodequins, de telle façon que quand ils sortirent de ses mains, j'en fus ébloui. Ils luisaient comme un miroir sous les rayons du soleil.

— Je les défie bien d'en faire autant avec leurs vilaines mécaniques !

Je lui exprimai ma satisfaction et lui donnai une pièce blanche. Et, tout en m'éloignant, je songeais que cette scène, en apparence futile et vulgaire, contenait une symbolique signification.

Qu'est-ce que l'humble décrotteur, armé de ses engins primitifs et s'épuisant en efforts, — sinon l'image du passé, laborieux, industrieux, doué de ressources médiocres et y suppléant par une énergie invincible et admirable ?

Et qu'est-ce que l'*auto-cireur*, avec ses rouages compliqués et multiples, sinon l'image de l'avenir inquiétant, mystérieux, formidablement armé, dressé au seuil de l'ère qui s'ouvre, comme une menace, à la fois, et une espérance ? Je regrettai de n'être pas poète pour tirer de ce contraste un enseignement et ajouter un éloquent chapitre à la *Légende des Siècles*.

En effet, cette même antithèse vous hante, vous poursuit dans tous les coins de l'Exposition. L'automobile y figure près de la chaise à porteurs et de la patache de nos pères ; le yacht électrique, près du bateau à voiles ; la rotative y voisine avec la presse à bras contemporaine de Gutenberg. La vapeur, qui étonna si fort Napoléon et inquiéta M. Thiers, semble déjà une chose démodée ;

Demandez le plan officiel de l'Exposition !

l'électricité la supplante, en attendant qu'elle soit à son tour détrônée par quelque agent plus puissant et plus actif. Le télégraphe Morse sera bientôt relégué au magasin d'accessoires. Le télégraphe sans fils est là, qui le guette, et s'apprête à le dévorer.

Enfin, dans la section allemande, une surprise vous est réservée. Réalisant une des plus extravagantes conceptions d'Hoffmann, une machine vous vend de l' « air en bouteille » ; elle réduit l'oxygène à l'état liquide, elle l'enferme, l'emprisonne dans des flacons. Et vous trempez vos doigts dans cette liqueur diabolique qui les arrose sans les mouiller et d'où s'exhalent des nuages de blanche vapeur. Vous êtes abasourdi et préoccupé par ces miracles. Vous avez la vision d'une lutte épique, gigantesque, où tous les éléments de la nature entrent en conflit, *struggle for life* colossal, immense cuve sans cesse en ébullition et dans laquelle bouillonne le génie humain.

Pour trouver un peu de paix et vous arracher à cette atmosphère trop fébrile, il n'est qu'un moyen : c'est de pénétrer au Petit Palais où tant de merveilles du temps jadis sont entassées. Elles ne sont pas du même ordre. Elles n'ont rien à démêler avec la science du physicien ou de l'ingénieur ; elles n'ont point la prétention d'améliorer les conditions matérielles de la vie, mais de la rendre plus belle et plus agréable.

Elles ne s'adressent pas uniquement au cerveau, mais à l'âme ; elles émeuvent, elles touchent, elles ravissent. Elles n'ont plus cet aspect terrible des cheminées qui soufflent, des roues qui tournent, des pistons qui frappent. Ce sont des choses délicates, fragiles, que des mains patientes ont construites et ornées ; des peintures, des ciselures exquises ; des marbres amoureusement fouillés ; des bois où éclate la foi naïve des pieux artisans du moyen âge ; des satins et des brocarts, et des trumeaux, et des panneaux de carrosses où brillent les grâces de Pompadour et de Marie-Antoinette.

Ces bibelots attestent que notre époque, si avancée au point de vue utilitaire et pratique, n'a pas éclipsé ses devancières dans le domaine de l'esthétique. Et l'on se demande s'il n'est pas une loi qui dit aux hommes :

« Toujours vous progresserez sur le terrain de la science. Mais la métaphysique et les arts ont des limites qu'il vous est interdit de dépasser. »

Tout est mystère dans la destinée humaine !

Quatorze cents Sonnettes

J'ai rencontré, ce matin, mon ami Jules Domergue.

Ce savant économiste a des yeux très doux ; il porte une barbe assyrienne aux ondes bouclées et possède intimement la question des sucres. Oui, je pense que, sur le terrain des betteraves et des sucres, mon ami Jules Domergue est invincible. Aussi fus-je ému d'une grande inquiétude lorsqu'il me proposa de venir voir son exposition. Je révère les sucres, mais ce sont là des matières que mon esprit est incapable de pénétrer, n'ayant jamais eu de prédilection pour le commerce et les chiffres. Cependant, mon ami Jules Domergue m'entraînait à sa suite. Et je n'osais résister. J'ai une timidité naturelle qui me livre sans défense aux entreprises des gens hardis. Et je ne voulais pas chagriner un homme si estimable.

Nous parcourûmes les galeries de la métallurgie française et étrangère. Nous gravîmes un étage. Et Jules Domergue m'arrêta devant une série de hautes vitrines, où d'innombrables objets sont empilés.

— Nous sommes arrivés, me dit-il.

Je regardai si j'apercevais autour de moi des pains de sucre ou des plants de betteraves, ou quelque outil d'un nouveau modèle. Et je crus que mon ami se jouait de ma candeur. Mais il ne riait pas. Sa physionomie respirait une gravité sacerdotale. Il étendit la main vers tous ces bibelots, dont je discernais assez vaguement la forme.

— Ceci est le fruit de vingt années de patience et d'efforts. C'est la meilleure part de ma vie. Je vous présente mes quatorze cents sonnettes.

Je m'approchai des vitrines. Et je vis, en effet, qu'elles étaient garnies d'une multitude de sonnettes, rangées selon leur âge, les plus anciennes sur les rayons inférieurs, les plus modernes, et sans doute aussi les moins précieuses, reléguées au sommet de l'édicule. Leurs aspects, infiniment variés, m'amusèrent. Car rien ne ressemble moins à une sonnette qu'une sonnette. Il y en avait de rondes, de carrées, d'ovales, de triangulaires, de fermées à demi et qui faisaient songer à un œuf dont on aurait cassé l'un des bouts. Il y en avait de compliquées, de guillochées et de tout unies, celles-ci tirant leur élégance de la pureté des lignes et celles-là de l'abondance et de la finesse des ciselures.

Et chacune d'elles éveillait des idées qui correspondaient sans doute à sa figure extérieure. Il y en avait d'humbles, d'orgueilleuses, de mystiques, de gaillardes, d'austères, de réjouies, de revêches et de diaboliques, — celles qui sonnaient aux messes noires — et d'augustes — celles qui sonnaient aux messes blanches et rouges, papales et cardinalices. Quelques-unes évoquaient l'image fuyante des minces dévotes se rendant à l'office, enveloppées dans leurs châles, et d'autres l'image des chantres qui se désaltèrent joyeusement. D'aucunes priaient au pied des autels, et d'aucunes se gondolaient à panses déboutonnées.

J'étais curieux d'examiner de plus près ces campanules:

Mon guide comprenait trop ce désir pour ne pas y complaire. Il écarta les larges vitres qui nous séparaient de ses bien-aimées clochettes. Et elles m'apparurent dans leur splendeur. Je constatai qu'une ardente sollicitude prenait soin d'elles. Car leur métal n'était pas seulement vernissé et poli par la patine des siècles; il avait cet éclat reposé, cet air de propreté paisible qui n'appartiennent qu'aux choses tendrement couvées : livres de bibliophiles, jardins de curés, enfants chéris de leurs mères. Pas un grain de poussière ne les souillait. Il était bien évident que Jules Domergue leur consacrait toutes les heures qu'il pouvait arracher à la betterave et qu'il veillait sur son trésor, de près ou de loin, avec une paternelle affection. Je lui demandai de m'en montrer les plus rares pièces. Et il me sembla, à ce moment, qu'une flamme s'allumait dans ses yeux tranquilles et que sa barbe assyrienne, aux ondes bouclées, palpitait d'allégresse.

Jules Domergue saisit délicatement une sonnette assez lourde dont les flancs de bronze étaient chargés de devises et d'animaux monstrueux. Il la fit tourner lentement et me dit :

— On n'est pas fixé sur la véritable origine des sonnettes. Celle-ci est contemporaine des premiers âges de l'humanité. Elle remonte à une époque voisine de la dynastie de Tchéou qui régnait, comme vous savez, onze et douze siècles avant Jésus-Christ. L'abbé Morillet, qui est le plus sûr campanographe que nous possédions, affirme, sur la foi de la Bible, que les clochettes existaient au temps et dans la tribu de Moïse. Les Égyptiens en connaissaient l'usage et aussi les Phéniciens, et les Cambodgiens, et les Perses, et les peuples soumis au culte bouddhique. Elles abondent en Asie; on en découvre dans les sarcophages égyptiens et, au nord de l'Europe, dans les sépultures des

Lithuaniens, des Estho-Livoniens, des Ougro-Finnois. De telle sorte qu'il apparaît que ces petits objets sonores ont été créés simultanément sur les points les plus opposés du globe.

Il replaça la sonnette chinoise sur sa planchette d'ébène et en prit une autre, très simple, formée d'un airain sombre et verdâtre et que la rouille, par endroits, avait rongée.

— Nous voici parvenus aux civilisations relativement récentes, à la grecque, à la romaine. Les *tintinnabula* chez les Latins et les κώδωνος, chez les Hellènes, servaient à de multiples emplois. Ils en usaient pour appeler les esclaves, pour annoncer l'ouverture des bains; pour conjurer le mauvais sort et désarmer le courroux des dieux pendant les éclipses de la lune et du soleil. Ils en suspendaient aux branches du pin consacré à Cybèle et du chêne de Dodone. Les femmes en portaient d'or et d'argent, autour de leurs poignets et de leurs cols ; les soldats en garnissaient leurs boucliers, et les prêtres l'extrémité flottante de leurs robes et de leurs ceintures. Les veilleurs de nuit secouaient une clochette en faisant leurs rondes ; et c'est à l'aide d'une clochette que l'on convoquait les citoyens au marché... Vous n'êtes pas sans avoir lu dans Strabon cette piquante anecdote. Un chanteur qui accompagnait ses chants des sons d'une harpe s'était rendu à Jassus, en Carie. Il vanta son habileté aux habitants de la ville qui se pressèrent sur son passage. Mais à peine la cloche du marché eut-elle résonné (ος ὁ δέ κώδων ὁ κτά τήν ὀψοπωλίαν έψόφησε) que tout le monde partit, à l'exception d'un homme qui était sourd. Le chanteur le félicita de son goût pour la musique et le remercia de ce qu'il était resté pour l'écouter, tandis que le reste de ses auditeurs s'étaient éloignés en entendant la clochette.

« Mais que dites-vous donc demanda le sourd ? Est-ce que la clochette a sonné ? » Et sur la réponse affirmative du joueur de harpe, il quitta, à son tour, l'infortuné virtuose et se dépêcha vers le marché aux poissons.

Je convins que l'historiette était charmante et j'allongeais les doigts dans le dessein de palper ce naïf instrument. Mais Jules Domergue l'avait déjà lâché. Maintenant, il tient une sorte de grelot, forgé à grands coups de marteau et portant, à son centre, l'image d'une croix gauchement tracée.

— Ceci, dit-il, pourrait bien avoir appartenu au cochon de saint Antoine...

Et je prêtais l'oreille aux aventures du bienheureux quadrupède.

— Or, donc, reprit mon guide, Louis le Gros régnait alors sur la France. Paris n'était qu'une bourgade boueuse, où les bêtes domestiques vaquaient par les rues, chiens et chats, poules et pourceaux. Ceux-ci y jouissaient d'une bienveillance particulière. En dévorant les immondices, ils s'engraissaient d'abord et purifiaient la capitale. Double avantage qui leur valait l'amitié des citadins. Mais un jour, le fils du roi, de retour de la chasse, rentra dans sa bonne ville. Un goret, trop tumultueux, se faufila dans les jambes du cheval et fit choir le cavalier si rudement, que le jeune prince mourut du coup. La douleur de Louis le Gros fut extrême et moins violente que sa colère. Il décida que désormais tous les cochons de Paris seraient enfermés et que quiconque enfreindrait cette défense subirait le dernier supplice. Le prieur de l'Abbaye de Saint-Antoine vint le trouver ; il le supplia d'exempter de cette trop rigoureuse ordonnance les cochons du couvent. Et Sa Majesté Très Chrétienne y consentit par respect pour les vertus édifiantes des moines. Toutefois, il prescrivit que les porcs privilégiés eussent une sonnette qui les fît reconnaître par les gens du guet. Dès lors, quand on apercevait un de ces parasites, tout pétant de graisse, et qui s'empiffrait librement au nez de chacun, on ne manquait pas de s'écrier : « Voilà le cochon de saint Antoine ! »

Décidément, les quatorze cents sonnettes de Jules Domergue résument ce qui s'est accompli à la surface du globe, depuis que les races humaines s'y développèrent. Si elles avaient la faculté d'exprimer leurs souvenirs, leurs grêles sonneries nous conteraient les guerres, les catastrophes, la chute des empires, l'écroulement des religions, la servitude et l'affranchissement des peuples.

Ce morceau de cuivre fut arraché à la corne d'un bouc et rivé, en signe d'infamie, à la gorge d'un martyr précipité dans le cirque. Celui-ci annonçait à saint Benoît, prosterné dans sa grotte, qu'une main pieuse lui envoyait au bout d'une corde le croûton de pain et la cruche d'eau nécessaires à l'entretien de ses forces corporelles. Puis les siècles marchent. Les clochettes continuent de tinter. Elles tintent durant les tournois et les chasses féodales, à la selle des fougueux destriers, à la patte des faucons, au cou des cerfs et des daims captifs, à la cornette des dames. Elles marquent tout ensemble la gloire et le triomphe des grands et le destin précaire, plein d'humiliations et d'horreurs, des parias. Sa Majesté, lorsqu'elle se rend au sacre ou qu'elle en revient, agite une sonnette de vermeil. Et les juives, de par le concile de Salzbourg, promènent, cousus à leurs corsages, des grelots qui avertissent le peuple de se signer à leur approche et de fuir dévotement ces pestiférées.

Elles tintent, elle tintent, les clochettes! Des pleureurs les brandissent aux obsèques de Henri IV. Elles franchissent le seuil des demeures, se plient aux pratiques familières, se posent sur la table de Cathos, de Madelon, de la marquise de Rambouillet, et avisent La Ramée qu'il ait à voiturer le miroir des grâces et les commodités de la conversation. C'est encore une clochette qui supplée à la voix défaillante du malade imaginaire, quand cette coquine de Toinette se fait attendre.

Enfin la sonnette s'émancipe. Elle s'élance dans la politique. Elle préside — au milieu de quel tumulte ! — les assemblées. Elle s'égare dans les clubs, où sa présence est bien inutile. Et l'opposition, la satire, la caricature, la haine des partis s'emparent d'elle, la façonnent, la déguisent, l'arrondissent en poire — et c'est Louis-Philippe, — l'allongent en asperge — et c'est Lamartine, — la surmontent d'un toupet — et c'est M. Thiers, — l'affublent d'un turban — et c'est Mme de Staël, — d'une crinoline — et c'est l'impératrice Eugénie, — l'emmanchent dans un balai — et c'est Mme Gibou, — l'encapuchonnent — et c'est le révérend père Gorenflot qui baptisait carpes les poulets dodus, ou Rabelais, curé de Meudon. Quelquefois aussi la sonnette a la bonne fortune de tenter la fantaisie d'un sculpteur. Denis Puech s'est diverti à travestir en Clochette l'exquise Mme Jules Domergue. Et ce fin morceau n'est pas un des moindres chefs-d'œuvre de la collection. Si notre économiste ne mourut pas en le recevant des mains de l'artiste, c'est qu'on ne meurt pas de joie.

Jules Domergue m'a développé tout cela, et mille autres détails ; il m'a conseillé, si je voulais acquérir des notions plus précises sur la psychologie des clochettes, de consulter, outre ceux de l'abbé Morillot déjà cité, quelques ouvrages spéciaux, tombés dans le plus injuste oubli, tels que le volume de Magius : *De tintinnabulis*, et l'admirable traité d'Angelo Roccha : *De campanis Commentarius. Romæ, anno Domini MDCXII...*

— Mon Dieu, me suis-je écrié, que vous êtes érudit ! Vous m'en voyez confondu !

.....

Mais, à cet instant, mon excellent ami m'a pincé le bras et m'a désigné un individu qui flânait négligemment devant la vitrine. Il était habillé d'un paletot sac un peu râpé et coiffé d'un chapeau melon. Il n'offrait rien, à la vue, qui fût extraordinaire.

— C'est le fameux X..., murmura Jules Domergue...

Ce nom n'éveillait point d'écho dans ma mémoire.

— Au fait, c'est vrai ! Vous n'êtes pas « de la partie ! » Vous ne pouvez pas savoir ! Apprenez donc que cet homme est fabricant de fausses sonnettes, je veux dire de sonnettes modernes qu'il présente comme anciennes et authentiques. Son habileté est fabuleuse. Et les plus malins y ont été pris... Observez-le... Il vient chercher ici des sujets d'inspiration.

L'ingénieux faussaire fit le tour du pavillon ; nous le suivîmes à distance. Et quelle ne fut pas ma surprise en découvrant, sur la face opposée de la cloison, une seconde série de clochettes, moins riche et moins complète que la première, mais renfermant toutefois des numéros remarquables...

— Eh quoi ! fis-je, vous êtes deux ! Vous avez un rival ?

La prunelle de Jules Domergue s'emplit de tristesse ; sa barbe assyrienne, aux ondes bouclées, frémit. Il poussa un profond soupir

— Oui, me dit-il... On imite toujours les bonnes idées !

Et, enveloppant la collection concurrente d'un regard dédaigneux :

— C'est peu de chose ! s'écria-t-il.

Je n'insistai pas... Je passai... comprenant soudain tout ce que l'âme d'un amateur de clochettes peut contenir de ravissement et d'amertume !...

Une journée en « Pauline »

Comme je traversais la place de l'Opéra, j'aperçus une demi-douzaine de « paulines » alignées en rang d'oignons. Ces immenses voitures ont fort bon air, haut perchées sur roues, astiquées, vernies, tapissées de velours tigré, abritées par un toit de moleskine contre les intempéries. Elles rappellent les anciennes diligences par l'équipage des postillons et le harnachement des chevaux tout bruissants de grelots et de sonnailles. Et elles répondent à l'organisation des voyages économiques et collectifs, qui sont, comme vous savez, une institution moderne. Les touristes sont friands de ce mode de locomotion qui les soustrait au joug des cochers de fiacre.

Il faut croire que le beau temps les conviait, ce matin-là, à la promenade, car ils se pressaient en grand nombre sur les banquettes ; il n'y restait qu'une place libre, sans doute la plus mauvaise, adossée au siège du conducteur. Je m'en emparai délibérément et me blottis entre deux Anglais, qui paraissaient absorbés dans la lecture du *Bædeker*. Je dépliai mon journal, je m'armai de patience et j'attendis que le lourd véhicule s'ébranlât.

Depuis longtemps je méditais cette excursion, d'abord

pour m'instruire au contact des étrangers et jouir de l'admiration que ne peuvent manquer d'éveiller en eux les merveilles de la capitale. Et puis... (dois-je en faire l'aveu d'humilité?) je ne connais pas Paris, quoique j'y sois né et que j'y aie toujours vécu. Je n'ignore point où se trouvent ses boulevards, ses monuments, ses églises; je

La « Pauline ».

possède assez exactement ses musées et ses théâtres. Et cependant il y a des coins dans l'immense ville où je n'ai pas pénétré.

Peut-être vais-je les découvrir? Un secret instinct m'avertit que ma ballade en « pauline » me sera très profitable. Mais je voudrais me renseigner sur son but. Allons-nous explorer les égouts, les catacombes, les Halles centrales, les abattoirs, visiter les galeries de l'Exposition, la Tour Eiffel, le Trocadéro, le puits artésien de Grenelle, escalader les buttes Chaumont, suivre les pèlerins au Sacré-Cœur-de-Montmartre, tourner autour du mont

Valérien, nous égarer sur les bords de la Bièvre ou de la Marne? Je n'ose interroger mes voisins, n'ayant pas éprouvé s'ils sont d'humeur communicative. L'un d'eux a tiré de sa poche une sorte de livret dont il épelle le contenu. Et je surprends ces mots colorés d'un fort accent britannique:

Place Vendôme, Rivoli street, Tuileries, quai Voltaire, quai Conti, Hôtel de Ville, Saint Jacque's tower, Saint-Germain-l'Auxerrois, Louvre (palace and museum), Carrousel, Palais-Royal, Manufactury of Gobelins, statue of maréchal Ney, Panthéon, Luxembourg (museum and garden), avenue de l'Opéra... Return... At home...

Voilà notre itinéraire... C'est la banalité même. J'éprouve une amère déception et une furieuse envie de descendre. Mais il est trop tard. La guimbarde a dérapé. Nos quatre chevaux gris pommelé ont pris le petit trot. Et, juste en face de moi, un personnage a surgi...

Il est grand, bien découplé, les joues rasées de frais, la mine fleurie; il porte à la boutonnière de son élégant veston une orchidée, comme Joë Chamberlain. Il s'exprime d'une voix vigoureusement timbrée et sur un ton de commandement. Chacun prête une oreille attentive à son discours. Ce gentleman est le capitaine de la caravane, chargé de l'orienter parmi les curiosités parisiennes. M'ayant aperçu, il m'interpelle:

— *English spoken?*

— *No.*

— *Sprechen sie deutsch?*

— *Nein.*

— *Parlate italiano?*

— *Non, signor?*

— *Habla usted español?*

— *No, señor.*

Sa physionomie trahit une réelle stupéfaction. « Qu'est-ce donc, pense-t-il, que cet individu qui ne parle ni l'espagnol, ni l'italien, ni l'allemand, ni l'anglais ? »

Toutefois, il s'est remis; il m'a adressé un gracieux sourire, me témoignant sa bienveillance et me montrant ainsi qu'il était homme du monde.

Et vraiment j'aurais tort de me plaindre. Notre guide a été parfait. Quand la « pauline » s'est arrêtée au pied de la colonne Vendôme, il a expliqué, dans la langue de Shakespeare, comment cet édifice fut érigé, quels événements il commémore, quelles vicissitudes il a subies; il a énuméré

L'Institut.

sa hauteur, son diamètre, son poids, le nombre de degrés qui s'y superposent intérieurement et le nombre de canons qu'il a fallu fondre pour les incorporer dans sa masse. Ayant achevé son récit, il l'a recommencé en français, exprès pour moi. Je l'ai écouté avec une extrême attention. C'était bien le moins que je répondisse à sa courtoisie.

A chaque station nouvelle, la même scène s'est reproduite. Ainsi, notre cicérone, nous fait observer que la statue de Jeanne d'Arc de la rue des Pyramides fut sculptée par Frémiet, que le jardin des Tuileries présente la forme d'un rectangle allongé, que Voltaire mourut dans une maison proche de la Seine et que Bonaparte en habita une autre au numéro 5 du quai Conti ; que la rue du Bac emprunte sa célébrité à Mme de Staël et l'Académie son existence au cardinal de Richelieu ; et qu'enfin le palais Mazarin s'élève sur l'emplacement de la Tour de Nesle, illustrée par les orgies de la reine Marguerite de Bourgogne. Nous côtoyons le seuil de l'Institut et les fenêtres de Gustave Larroumet, à qui j'adresse un salut amical. Mais c'est jour de feuilleton et Larroumet ne regarde point dans la rue.

— Pourriez-vous m'indiquer, monsieur le guide, où se tient l'aveugle du pont des Arts?

Déjà les jumelles sortent des étuis. M. le guide les y fait rentrer dextrement. Il n'est pas dupe de cette mauvaise plaisanterie.

Successivement, j'ai fait le tour et entendu l'histoire de la statue de Henri IV, du Palais de Justice, de l'Hôtel de Ville, de la tour Saint-Jacques ; j'ai essuyé une narration des massacres de la Saint-Barthélemy, qui s'accomplirent, comme vous savez, au son de la cloche de Saint-Germain-l'Auxerrois.

— La cloche n'existe plus, mais nous avons un joli carillon... Attendez... Il va sonner...

Les vingt-quatre Anglais — dont je suis — suspendent leur respiration. Et quand le grêle tintement des clochettes retentit, ils sourient. Ils sont heureux!...

— Mesdames et messieurs, nous dit le guide, je vais vous conduire au Louvre. C'est le musée le plus riche de l'univers. Une année entière ne suffirait pas à qui voudrait l'étudier profondément. Nous disposons à peine d'une heure. Ne me quittez pas, entourez-moi, je vous signalerai les chefs-d'œuvre.

Ludovic Halévy a décrit quelque part ces hordes de voyageurs à mouflets et à macfarlane, et de voyageuses à chignons plats qui traversent comme un cyclone le salon carré et disparaissent dans un grondement d'orage.

Tels nous avons passé...

Ç'a été une course éperdue, une fuite échevelée, sur les pas du chef, qui s'est révélé superbe d'audace, de sang-froid, nous contenant, nous excitant, tantôt accélérant la marche et tantôt la modérant, s'arrêtant aux bons endroits, formulant des jugements décisifs. Voici la salle des Cariatides, « où le corps de Henri IV fut exposé après son assassinat, où Molière joua la comédie devant Louis XIV... »

— Le grand comique choisit cette pièce à cause de l'acoustique qui est excellente... Hum!... Hum!... Faites comme moi... Hum!... Hum!...

Les statues frémissent, les cariatides sont étonnées. Mais déjà nous sommes loin... Et la démonstration continue :

— Je vous recommande ce torse de Praxitèle... *Periboetos*... Morceau très estimé... Vous remarquerez aussi le gladiateur luttant... Tout le poids du corps repose sur la jambe droite... L'artère fémorale est gonflée... Effet naturel et artistique. Et maintenant, à la Vénus de Milo...

Notre général, qui me veut du bien, me prend à part.

— Je ne puis leur montrer l'hermaphrodite Borghèse, vous comprenez... Il y a des dames !... Mais si vous voulez y aller voir... C'est ici près...

Mes yeux l'ont remercié de cette attention délicate, et je suis allé contempler l'*Hermaphrodite* sur son matelas de marbre, suivi de deux Anglais qui ont guetté mon manège et flairent une surprise.

— *Beautiful*, dis-je.

— *Beautiful... Charming!*

Il faut rattraper le gros de la troupe... Nous nous élançons, nous doublons la *Victoire de Samothrace*, nous bousculons un rapin occupé à dessiner d'après la bosse, nous débouchons dans les salons de peinture. Nos compagnons sont groupés, le nez en l'air, entre les *Funérailles d'Atala* et le portrait de Joséphine par Prudhon. Leur mentor les

La statue de Henri IV.

initie aux plus subtiles beautés de l'École française.

— Girodet-Trioson; grand génie ! Admirez cet effet de lumière dans la Grotte de Chactas.

Pour Prudhon il est un peu moins aimable, il fait des réserves.

— Ce style de Prudhon n'avantage pas l'impératrice!...

Je cherche à démêler sur le visage des auditeurs un désaveu quelconque, un soupçon d'agacement. Ils demeurent impassibles. Je crois qu'ils sont impressionnés par l'éloquence du guide et par son érudition. Et de nouveau il nous entraîne. D'innombrables objets défilent, panorama incessamment varié, images mouvantes, comme celles qui se déroulent par la portière d'un train express.

La tiare de Saïtapharnès (*Authentique, messieurs, vous pouvez m'en croire; mon ami, le directeur du Lloyd d'Odessa, me l'a affirmé*); la galerie d'Apollon, le *Serpent python* de Delacroix, les joyaux de la couronne, le Régent (*Le plus magnifique diamant qui existe !... Quel feu ! Quelle eau!*)... la Joconde... Monna Lisa. (*On lui jouait de la guitare pour conserver à ses traits une sereine expression*)... les Noces de Cana... chef-d'œuvre (*Toutes les figures sont des portraits*)... Antiope... chef-d'œuvre... la Belle Jardinière (*La perle des Raphaël, s. v. p.*) Vite! plus vite!... (*Nous n'avons plus qu'une demi-heure*)... la Vierge aux rochers... chef-d'œuvre... la tête d'Antonello de Messine (*Voyez bien ce clair-obscur*)... Marsyas et Apollon (*Fameux tableau payé 250000 fr.*), la vue de Saint-Pierre de Rome, par Panini. (*Fixez l'axe de la nef; il se déplace avec vous*).

Et l'obligeant cicérone me dit tout bas :

— Ces jeux de perspective les amusent. Ce sont de grands enfants.

Et nous trottons, nous trottons!... École espagnole,

école hollandaise, école flamande, Goya (*Très à la mode ce maître*), Philippe de Champagne, Jordaens, van Dyck, Rubens, *Charles Ier*, la *Kermesse*. Sur la collection de Marie de Médicis, des restrictions dédaigneuses :

— Jolis comme couleurs, ces Rubens ; très mauvais comme dessin. Ils n'ont rien d'extraordinaire...

Le Louvre.

Il nous reste cinq minutes et cinq salles à visiter. Une salle par minute. On ne peut s'en tirer qu'au pas gymnastique. Nous filons, nous glissons ; les paletots sacs, les tartans, les casquettes, les robes écossaises paraissent et disparaissent. Il me semble que je suis acteur dans une pantomime des Hanlon Lee. Le capitaine recueille, chemin faisant, les poignées de main furtives des gardiens que ce spectacle récrée.

— Je les connais tous. Songez que, depuis vingt-deux ans, le mercredi et le samedi, j'amène ici mes clients.

Il s'essuie le front; il est fatigué pour tant de salive et d'énergie dépensées. Et il n'a achevé qu'une part de sa tâche. Nous revoici à l'air libre. La « pauline » nous attend et nous la prenons d'assaut.

— Ne montez pas... Reculez-vous... Levez la tête... Plus haut... Suivez la direction de mon doigt... là... Voyez-vous cette statue habillée en militaire? C'est la seule effigie de Napoléon III que les insurgés n'aient pas détruite en 1871.

Quinze jumelles, huit kodaks, se braquent en même temps sur le souverain mélancolique.

— Et maintenant, messieurs, allons déjeuner.

La voiture nous dépose devant un restaurant du Palais-Royal, un restaurant à prix fixe, de modeste apparence. Toute la compagnie s'y engouffre, aiguillonnée par un violent appétit. Et son cornac y entre avec elle. Je l'ai saisi par la manche.

— Voulez-vous, monsieur le guide, vous asseoir à cette table? J'ai quelques éclaircissements à vous demander sur l'exercice de votre métier.

J'ai fait venir en supplément des huîtres, une fine bouteille de bourgogne, du vieux marc et des cigares. Une certaine gêne marquait le début du repas. Puis elle s'est dissipée. Dans les vapeurs du vin et du tabac, l'atmosphère s'est échauffée doucement; à la froideur, à la réserve ont succédé, chez mon invité, la sympathie et l'expansion familière. Il m'a ouvert son cœur. Je n'en exigeais pas tant. Du moins ses confidences m'ont-elles révélé d'étranges particularités sur les mœurs contemporaines.

O Paris! cité mystérieuse, où l'humanité afflue, tu connus jadis les valets de Molière et de Régnard, les spadassins, les fourbes, les officieux et tout ce peuple de gens habiles que les auteurs mettaient dans leurs comédies. Ils ne sont pas morts. Et j'ai déjeuné l'autre matin avec Mascarille, Sbrigani, Crispin, Figaro, réunis en un seul type... Oui, Figaro... Car comme Figaro, il a couru mille aventures, avant d'arriver à la fortune.

— J'ai été apprenti, monsieur, vendeur de journaux ; je suis fils, petit-fils de Parisien, mais vagabond de caractère et indépendant... Je n'ai jamais sollicité les palmes académiques !... A douze ans, je me faufile sur un paquebot qui part pour New-York. Je me rends utile. J'apprends l'anglais,

La tour Saint-Jacques.

l'allemand. Je chante la chansonnette. Je fais le tour du monde. Je circule à dos de chameau, à dos d'éléphant. Je sillonne l'Égypte et la Palestine. Je traverse les cuisines du Sultan. Et je débarque en France, tanné, vanné... et ruiné. Je ne savais trop à quel saint me vouer, lorsque je rencontrai à l'angle du boulevard un opulent Yankee que j'avais coudoyé à bord d'un transatlantique. Je lui offris mes services. J'avais trouvé ma voie. Je mis sur mes cartes : *Guide pour MM. les étrangers.*

Il se versa une rasade de pomard. Il était cramoisi et devenait tendre. Mais il ne se grisait que de paroles :

— Nous sommes cinquante à Paris qui vivons grassement de cette industrie. L'hiver, nous sommes attachés aux grands hôtels, l'été aux agences. Nous pilotons les touristes, en tas, comme aujourd'hui, ou à titre privé s'ils le désirent. Nous leur indiquons les bons magasins, qui nous rétrocèdent 10 p. cent sur les factures. J'ai touché ce mois-ci 3 500 francs de commission. Je fais la province, les colonies, l'Orient, le Japon. J'ai accompagné, l'hiver dernier, un marchand de cochons de Chicago à Jérusalem. Je lui ai dépensé 300 000 francs qui m'ont laissé aux doigts quelques profits légitimes. Six semaines plus tard, j'assistais son fils, qui souhaitait ardemment connaître la vie parisienne. Je n'ai rien à me reprocher. Il la connaît !... Le jeu, la noce, les soupers chez Maxim's. Nous nous couchions à quatre heures du matin. Ce n'était pas ennuyeux, mais c'était très dur. Que voulez-vous, monsieur ? J'ai des filles à doter. Je suis père de famille.

Je n'ai plus qu'à laisser aller mon singulier interlocuteur. Notre entretien tourne au monologue. Et je ne m'en plains pas.

— Malheureusement, cette année, l'étranger ne donne

point... J'entends le riche étranger qui a le louis facile. Le lord boude ; l'altesse redoute les embarras de l'Exposition. Nous n'avons que du fretin. Examinez les gens assis près de vous dans la « pauline » : employés de commerce, maîtres d'école, institutrices. Des Allemands gueux comme Job. Et ce sont encore les plus généreux. Les Américains sont abominables. Ils se distinguent par leur mépris du pourboire... Ils s'esbignent en cachette. On les cherche... Plus personne... Au fond, rien ne vaut la vieille noblesse : le prince Radziwill, le comte Orlof, qui daignent parfois me consulter...

La Colonne Vendôme.

Il est temps de lever le siège. Mon compagnon va devenir orgueilleux. Je voudrais le fuir, mais il m'a pris en affection, il me protège. — Je vais vous détailler, comme il faut, les Gobelins.

J'ai dû, bon gré, mal gré, regagner la voiture, prête à partir. Il y régnait une animation, due à l'influence du *claret*. Les gentlemen avaient allumé ces courtes pipes que nous nommons brûle-gueules et fumaient béatement. Leurs moitiés semblaient ravies. Et de toutes ces lèvres s'exhalaient des gazouillements confus. Mon voisin de droite, un rougeaud aux longues dents, se montrait facétieux. Il cligna de l'œil de façon libertine quand, à la hauteur de Bullier, un camelot nous jeta un paquet de prospectus illustrés, où l'on voyait des demoiselles décolletées. A cet instant, il avise un gamin des rues, qui s'accrochait aux ressorts du char à bancs. Il étend le bras, décoiffe le gavroche d'un geste brutal. Celui-ci, humilié, ramasse son chapeau et se répand en cris de haine, trottant, vociférant :

— Sales Anglais !... A bas les Anglais !... Vivent les Boers !

Notre cicérone me glisse, entre deux bouffées :

— *Vox populi vox Dei* !

Décidément il a des lettres.

Et il a de superbes relations. Comme nous mettons pied à terre, vis-à-vis des Gobelins, je le vois qui aborde un personnage très distingué, ganté de rouge et portant le tube à huit reflets.

— C'est un collègue, dit-il, le marquis de X..., dont l'aïeul fut connétable. Il a perdu tous ses biens et, ma foi, il s'est fait guide, comme votre serviteur.

Je profitai de l'encombrement pour m'esquiver... à l'américaine. Je redescendis le boulevard Saint-Michel.

Et je regrettai de n'avoir pas, au bout de ma plume, l'ironie indulgente de Meilhac...

Les Voix des Choses

Comme je sortais hier de l'Exposition, j'ai vu de grandes tapissières se diriger vers le quai d'Orsay. C'était le mobilier du palais des Souverains que l'on réintégrait au Garde-Meuble. Je pénétrai à leur suite dans ces magasins dont l'aspect est fort pittoresque.

C'est là que le Président de la République, quand il organise une fête, vient puiser ; c'est là que s'alimentent les « galas » des ministères, les bals de l'Hôtel de Ville. Jadis, le Garde-Meuble avait un budget très important. Aujourd'hui il est réduit à la portion congrue. On lui accorde chaque année 252 000 francs, somme tout juste nécessaire à l'entretien et à la réparation du matériel existant.

Ce matériel n'est pas renouvelé ; il tombe en ruine. Lorsqu'un événement se produit, tel que l'envoi d'une ambassade dans quelque capitale, à l'occasion d'un couronnement, ou le voyage du tsar à Paris, des crédits extraordinaires sont ouverts, et l'administrateur du Garde-Meuble s'en tire au meilleur compte possible, en utilisant ce qu'il possède, en achetant ce qui manque. Il est obligé de déployer une activité fébrile, car on le prévient toujours au dernier moment.

Ainsi, il crut mourir d'inquiétude, quand M. de Montebello, en 1896, fit appel à ses lumières. Il s'agissait de garnir du haut en bas, en un tour de main, le vaste palais loué à Moscou. Il y avait surtout un diable de salon qui mesurait 20 mètres sur 30... un désert, un steppe à décorer. L'administrateur du Garde-Meuble parcourut ses magasins et constata que les rouleaux de damas rouge qui y étaient empilés n'offraient pas un coup d'œil très régalant ; ils avaient traîné partout. Notre amour-propre national exigeait que la France fût habillée de neuf en une aussi mémorable circonstance. Il se mit en campagne et il dénicha, chez un fabricant lyonnais, une certaine étoffe vert jeune-pousse, dont les reflets mourants le ravirent. Il l'envoya en Russie, et chacun félicita M. l'ambassadeur sur son goût exquis. Le vert jeune-pousse obtint un vif succès ; il eut même l'honneur d'être loué par le tsar et la tsarine.

Quoique cette tentative ait brillamment réussi, il est peu probable qu'elle soit renouvelée. La pourpre continuera de dominer dans notre mobilier officiel. C'est un ton robuste et qui s'assortit à la toilette des femmes ; le vert liberty, le bleu pâle ne sont jolis que dans leur fraîcheur. Le rouge est vivace et par conséquent économique. Et puis, vous savez, la force de l'habitude est toute puissante...

A côté des ateliers du quai d'Orsay, il est un coin réservé : le musée, où sont exposés les spécimens les plus remarquables de l'ameublement. On n'y va guère. Quelques Anglais s'y égarent, mais les Parisiens le dédaignent. Et cependant il renferme des chefs-d'œuvre. Dès qu'un objet quelconque y est placé et catalogué, il devient sacré pour tout le monde, fût-ce pour le chef de l'État.

Pauvre musée! il est bien ignoré, bien délaissé; il n'est pas inscrit sur le programme de l'agence Cook parmi les promenades conseillées aux étrangers. J'y ai souvent passé des heures exquises, absolument seul avec le gardien, un vieux sergent chevronné à barbiche grise, qui, pour n'avoir pas lu le Dictionnaire de Henry Havard, n'est pas dépourvu d'un goût naturel. Il connaît ses « meubles »; il sait leur histoire.

Lit de Marie-Antoinette.

Ce lit, ce secrétaire, ce bonheur-du-jour ont appartenu à Marie-Antoinette; ce bureau fut offert à Louis XVI par les États de Bourgogne; cette console provient du château de Bercy et fut acquise par l'impératrice Eugénie; ces chenets, ciselés par Gouthière, ont été sauvés de l'incendie des Tuileries en 1871, et l'une des branches a été tordue par les flammes. Et voici, maintenant, des bibelots rares, des cartels, des écrans, un canon minuscule en ivoire et or qui servit de jouet au duc de

Bordeaux; le nécessaire de Joséphine, en bois d'if et de houx, orné du portrait de l'Empereur, au-dessous duquel on lit les vers suivants, à demi effacés par la rouille — vers d'un lyrisme pompeux et glacé :

Il sut redonner à la France
Ses autels, ses mœurs et ses lois.
L'univers connaît sa puissance
Et son génie instruit les rois.

Voici la croix d'honneur de Napoléon Ier, suspendue à un bout de ruban pâli ; des vases en onyx, présent de Charles VI, roi d'Espagne ; un service de table en vermeil, offert par la Ville de Paris ; enfin, un récipient de physionomie bizarre, une sorte d'artichaut d'argent ciselé, déposé sur une assiette. Je feuillette le catalogue et je lis : *Drageoir de Louis XVIII.* Mon guide, le vieux gardien, sourit d'un air goguenard :

— Ils ont mis *drageoir* par respect pour Louis XVIII. Mais ce *drageoir* est un crachoir.

Et il m'explique le fonctionnement de l'appareil. Quand on le soulève, les feuilles s'écartent, quand on le repose, elles se ferment. Le roi le déposait près de lui, sur sa table, et il pouvait se soulager (il était affligé d'un catarrhe) sans incommoder ses visiteurs. Et voilà ce qu'en termes administratifs on appelle le « drageoir » de Louis XVIII! Oh ! la sublime pudeur des faiseurs de catalogues !

Êtes-vous comme moi?... J'éprouve une jouissance infinie à contempler, rassemblés dans une galerie silencieuse, des meubles historiques. Il semble qu'ils aient une âme, et qu'ils parlent, et qu'au-dessus d'eux voltigent les ombres de ceux qui s'en sont servis. Une reine s'est étendue sur ces courtines de soie, sa tête s'est appuyée sur le coussin, sa tête aux cheveux dénoués, coiffée d'un petit bonnet de malines; sur ce guéridon, auprès du lit, elle plaçait son livre préféré, peut-être un conte de Crébillon, peut-être un conte de Marmontel; ses femmes y accommodaient un rafraîchissement pour la nuit, et la chambre s'endormait dans la lueur paisible de la veilleuse. Cette horloge de Boule y faisait entendre son tic tac et

Un des chefs-d'œuvre du Garde-Meuble.

la sonnerie discrète et lointaine de son timbre; sur cette console, on laissait traîner l'éventail, la boîte à mouches et le rouge pour les lèvres; et de ce secrétaire entr'ouvert s'échappaient des papiers à jamais perdus, secrets d'État ou billets d'amour.

Ces frêles broderies, ces bois fragiles n'ont pas gardé l'empreinte des doigts blancs qui s'y sont posés; ils ont traversé les pires orages, ils ont entendu des cris de haine, ils ont vu couler le sang! Et, après tant d'agitations, on les retrouve un peu fanés, mais d'autant plus délicats. Ils sont désormais à l'abri des accidents... Ils sommeillent en cet abri discret qui constitue — si l'on peut dire — leurs « Invalides »...

L'Exposition jugée par une famille hollandaise

Rotterdam, septembre.

J'ai eu l'avantage de souper avec des habitants de Rotterdam qui, après avoir passé huit jours à Paris, viennent de regagner leur ville natale. Sous les auspices d'un ami commun, ils m'ont obligeamment ouvert leur maison. Et j'ai été doublement heureux d'accepter leur invitation si cordiale, puisqu'elle me permettait de demander à mes hôtes leurs impressions de voyage et d'apprécier les grâces de leur hospitalité.

Donc, à sept heures précises, je me suis présenté chez M. et Mme van den H... Par égard pour les habitudes françaises, ils avaient reculé l'heure du repas. Ils m'ont reçu avec une bonhomie qui m'a tout de suite mis à l'aise. M. van den H..., appartient au commerce de Rotterdam. Il continue d'exploiter une distillerie de genièvre qu'a fondée son père. Et sans être scandaleusement riche, il jouit d'une honnête aisance. Il a cinquante ans environ, un embonpoint convenable, l'œil bleu, le teint reposé, et porte sa barbe en collier, comme les infortunés compagnons de Krüger. Je mentirais si je disais que Mme van den H... égale, pour le goût raffiné de ses toilettes,

Mlle Bartet, de la Comédie-Française. Elle a passé l'âge des prétentions, et je crois bien qu'elle n'en a jamais eu. Elle n'a plus de coquetterie que pour ses deux filles, Mlles Annie et Marietje, qui sont charmantes, en vérité ; l'une a franchi le cap de sa vingtième année, l'autre va bientôt l'atteindre. Elles parlent notre langue en perfection. Elles ne sont point timides, mais rougissent dès que l'on s'occupe d'elles, et je puis leur assurer que ce « tendre incarnat » leur sied à ravir.

Je les priai de m'initier aux coutumes hollandaises. Elles me firent les honneurs du logis dont j'avais apprécié déjà la méticuleuse propreté. Il se compose, au rez-de-chaussée, d'un salon qu'une large baie réunit à la salle à manger. Ce salon est vaste, orné d'une profusion singulière de colifichets, photographies, presse-papiers, dessins, gravures, coussins de soie, paravents japonais contrastant avec l'austérité des meubles d'acajou verni. Quant à la salle à manger, je fus ébloui en y pénétrant, par l'éclat de l'argenterie et des cristaux, par la blancheur lustrée du linge et ce je ne sais quoi de délicat et de soigné qui montre, dès l'abord, qu'une ménagère y a mis toute son âme. Mme van den H... s'excusa beaucoup de me faire manger selon l'usage du pays :

— Notre cuisinière ne connaît pas vos recettes parisiennes.

Je lui exprimai mon ravissement de savourer quelques mets des Pays-Bas. Effectivement, je n'eus qu'à me louer du potage, qui était à la crème et aux légumes, du poisson qu'accompagnait une sauce bien liée, et d'une pièce de bœuf braisé qui reposait sur un lit d'herbes cuites. Le civet de lièvre au sucre, les pigeons aux confitures et les crêpes, trop épaisses et humides, me procurèrent un moindre plaisir. Mais, en somme, je dînai excellemment.

Et, vous supposez bien que, tout en attaquant ces plats innombrables, nous causâmes. Je demandai à M. van den H... qui me paraissait être un homme prudent et sage s'il avait été satisfait de l'Exposition.

— Admirable, sublime ! s'écria-t-il.

Je le poussai, supposant qu'il exagérait l'expression de son sentiment, par courtoisie...

Mais il surenchérit :

— Jamais je n'ai rien contemplé de si magnifique.

— Et vous, madame, est-ce aussi votre opinion ?

— Je pense comme mon mari.

— Et vous, mesdemoiselles ?

— Nous pensons comme papa.

Mme van den H... ajouta :

— Elle est si vaste, cette Exposition, qu'une année entière ne suffirait pas à la visiter entièrement.

Et M. van den H... ratifia :

— Et plus on l'a vue, et moins on l'a vue...

Je le pressai de m'indiquer, avec un peu plus de précision, ce qui l'avait frappé à Paris. Alors, il se tourna vers mes gentilles voisines :

— Marietje a écrit chaque soir son journal.

A cette révélation, Mlle Marietje prit les couleurs de la pivoine. Je la suppliai de me communiquer son cahier de notes. Elle y consentit le plus simplement du monde. Et aussitôt après qu'on se fût levé de table, elle me le mit entre les mains.

— Donnez-nous-en lecture. Cela vaut mieux.

— Mais, ce n'est pas du tout intéressant.... Je suis désolée !...

Elle s'assit contre la lampe et, d'une voix qu'un reste d'émotion — oh ! si légère ! — faisait trembler, elle commença...

« *Paris, 18 août.* — Nous sommes arrivés hier et je suis étourdie du mouvement et du bruit de cette grande ville que je ne connaissais pas. Nous avons été très occupés de nous rendre à notre hôtel. Et c'est une occupation pas très amusante. Nous nous sommes entassés dans une voiture extrêmement sale où nos jambes étaient serrées comme des harengs dans un tonneau. Et quand on a placé les malles sur le haut de la voiture j'ai entendu d'horribles claquements (*sic*) et j'ai cru que le toit se défonçait. Il y avait un mauvais cheval qui nous traînait et qui a descendu lentement, une longue rue, qui m'a semblé affreusement laide, avec ses maisons trop larges et toutes plates. J'ai dit à mon père que j'aimais mieux nos jolies petites maisons d'Amsterdam et de Rotterdam. Je faisais une vilaine grimace. Et papa s'est mis à rire, me disant que c'était un mauvais quartier de Paris et que cela allait changer. Il avait raison, car la rue est devenue plus belle et j'ai aperçu un superbe monument que j'ai reconnu pour l'avoir vu sur des photographies. C'est le théâtre de l'Opéra où papa a promis de me conduire.

« En ce moment, il ne pense guère à l'Opéra : il voudrait être rendu à l'hôtel et s'installer dans les chambres qu'il a retenues. Elles sont tout à fait en haut, ces chambres, et nous avons eu beaucoup de mal à nous y faire conduire, tant les domestiques étaient bousculés par les voyageurs. Enfin nous les avons trouvées. Et j'ai couru à la fenêtre pour regarder dehors. J'ai vu une magnifique avenue avec des arbres et des boutiques et des milliers de promeneurs. Les boutiques étaient jolies, mais les pauvres arbres avaient l'air bien tristes et bien chétifs.

« J'aurais voulu descendre et me mêler à la foule avec Annie. Mon papa nous a dit que, en France, les jeunes filles ne sortaient jamais seules, ce que nous savions, du

La porte monumentale de la place de la Concorde. — Sous la Coupole

reste, pour l'avoir lu dans les livres. Mais pourquoi? Annie et moi nous saurions bien nous défendre, si quelqu'un nous attaquait. Et les Français ne sont pas si dangereux qu'ils veulent le faire croire.

« Enfin papa a changé de vêtement et maman a retiré son chapeau frais de la malle. Nous allons dîner à l'Exposition. Annie et moi l'avons décidé ainsi, et rien ne résiste à ce que nous voulons quand nous le voulons bien. Nous marchons vers la grande porte qui est à l'entrée des Champs-Élysées. Elle ouvre sur des jardins qui sont ornés de plantes et de fleurs très joliment arrangées avec des bustes et des statues et des petits monuments, qui donnent à cet endroit l'aspect d'un beau cimetière... C'est ravissant... et tout à fait tranquille. Il m'a semblé qu'un monsieur et une dame *flirtaient* sur un banc et j'ai pincé le bras à Annie. Les gens ne restent pas sur ce côté de l'Exposition, excepté ceux qui aiment la solitude et qui ont quelque chose d'intime à se dire, comme ce monsieur et cette dame.

« Voici la foule. Nous sommes arrivés dans une avenue bordée de théâtres en bois et de bars en plein air. Sur la porte des théâtres, il y avait des acteurs qui disaient des paroles drôles pour séduire le public et l'engager à entrer. Il y avait aussi des petites femmes très gentilles, habillées de robes courtes qui laissaient voir leurs jambes jusqu'au-dessus du genou et qui battaient de la grosse caisse en criant :

« — Entrez ! entrez !

« Les passants riaient beaucoup, mais ils n'entraient pas. Et j'avais pitié de ces pauvres malheureux qui prenaient tant de mal pour un si mauvais résultat.

« J'aurais voulu entrer dans une de ces baraques, mais je voyais bien que papa s'en défiait. Pourtant nous avons été arrêtés par un bonhomme qui faisait de grands gestes en montrant un château renversé assez vilain, où l'on entrait par le toit qui était contre la terre. Le bonhomme racontait qu'on voyait des choses merveilleuses pour la somme d'un franc dans ce château. Je me suis engagée dans le tourniquet avec Annie, et il a bien fallu que papa suive. Nous avons monté trois escaliers, entendu un bruit de jet d'eau, derrière un mur, regardé quelques poupées de cire dans des glaces au plafond, puis nous avons redescendu les trois escaliers. Et nous nous sommes retrouvés sur l'avenue. C'était fini. Et papa, furieux, disait qu'on n'avait pas le droit de se moquer du public de cette façon. Et il m'a grondée en me répétant plusieurs fois :

« — Marietje, fais donc attention où tu nous conduis.

« Maman était fatiguée. Nous aurions voulu trouver un chemin de fer ou un tramway pour nous conduire à la tour Eiffel, que nous apercevions au loin, mais il n'y en a pas dans cette partie de l'Exposition. Et il a fallu marcher longtemps...

« Nous allons dîner. J'ai une faim terrible. Et maman est bien contente de se reposer. Nous avons pris place dans un restaurant qui est contre la fameuse tour Eiffel. On nous a donné une table propre et bien servie, avec des petits pains dorés. Le maître d'hôtel paraissait très imposant, mais il était aussi très complaisant, nous indiquant les plats les meilleurs. Et papa l'a laissé faire, lui demandant seulement d'ajouter des pommes de terre au rôti de bœuf.

« Les pommes de terre, c'est ma passion.

« Mais, malgré le violent appétit qui me tourmentait, je ne songeais plus à manger, j'admirais le spectacle de ces palais, de ces pavillons, plantés avec un désordre si amusant. Je croyais être dans un décor de théâtre et jouer mon rôle dans la pièce, — un tout petit rôle — comme ces figurants qui font semblant de boire en chantant des chœurs dans les opéras. Ma faim s'est ranimée quand on a apporté le potage et que j'en ai respiré la bonne odeur.

« Le maître d'hôtel est notre ami. Il nous indique les personnages célèbres qui dînent aux tables voisines. Et j'en suis ravie. J'adore les personnages célèbres. J'aurais bien voulu voir M. Huysmans dont j'aime tant les ouvrages. Mais il paraît que M. Huysmans s'est fait moine et qu'il ne vient jamais à l'Exposition. J'aurais voulu voir aussi M. Zola. Le maître d'hôtel nous a montré un petit jeune homme habillé de gris et nous a dit que c'était un académicien, M. Paul Hervieu. Il est très distingué, M. Hervieu, mais il avait l'air de dormir tout éveillé. Ce doit être un homme profond. Puis il nous a montré M. Carolus Duran, le grand peintre. Mon Dieu qu'il portait une superbe cravate et de beaux bijoux! Sa vue m'a beaucoup impressionnée.

« Notre ami le maître d'hôtel nous a remis la note du dîner en souriant aimablement. Papa en est devenu cramoisi; il a demandé si ce n'était pas par erreur qu'on lui comptait pour quatre francs de pommes de terre. Il y avait juste dans nos assiettes trois petites pommes de terre, ce qui fait douze pommes de terre pour quatre francs. C'est un peu cher et je conçois que papa fasse la mine. Mais le maître d'hôtel lui a répondu que c'était l'usage de la maison de faire payer la pomme de terre à part.

« Tout cela, c'est de ma faute... Si je n'aimais pas tant les pommes de terre! Annie ne peut pas s'empêcher de rire en me regardant.

« Maintenant les palais sont illuminés. Il y en a un en face de nous qui est en verre et qui brille comme un soleil. Il ressemble à un gâteau de nougat avec des bon-

bons anglais semés dessus. C'est moins artistique que nos vieilles petites maisons de Rotterdam. Mais papa assure que c'était très difficile à construire.

Intérieur de l'une des Serres du Cours-la-Reine.

« Moi, je veux bien...

« Maman tombe de sommeil. Nous voudrions gagner la place de la Concorde. Mais deux kilomètres à faire à pied, c'est terrible. Alors nous sortons de l'Exposition. Je saute dans une voiture qui passe, pour que d'autres personnes ne la prennent pas. Et le cocher exige huit francs pour nous mener à l'hôtel.

« — Pourquoi es-tu montée? dit papa sévèrement. Il faut toujours faire son prix d'avance.

« Je n'ai pas de chance. C'est ma troisième sottise de la journée. »

Ici, Mlle Marietje a posé le cahier sur ses genoux et m'a dit :

— Je suis honteuse de ce bavardage qui doit vous paraître horriblement ennuyeux.

— Mais non, je vous assure. Et puis vous lisez si bien! Et vous avez un petit brin d'accent le plus gentil du monde...

— Ne vous moquez pas! Ne vous « payez pas ma tête, » comme vous dites.

Mlle Marietje feint de ne pas ajouter foi à mes louanges. Au fond, elle en est flattée. Et elle a repris la lecture de son journal.

« *20 août.* — Papa nous a dit que nous allions voir aujourd'hui des choses sérieuses et que nous n'étions pas seulement venues à l'Exposition pour nous amuser, mais pour nous instruire. Il nous a conduites dans une immense galerie où se trouvent les machines, et il a cherché celles qui sont employées pour la fabrication de l'alcool. Papa pense à son usine de Rotterdam, qui paraîtrait bien petite auprès de ce colossal palais de verre où nous sommes.

« Ce palais est assez extraordinaire, il renferme une foule de constructions, des fermes, des maisons, des brasseries et même un navire en carton, haut comme une cathédrale. Tous ces objets ressemblent à des jouets gigantesques mis sous cloche, et nous avons l'air de petits nains nous promenant au milieu de tout cela. On a de la peine à s'y reconnaître. Cela est très « fouillis », comme disent les Français. Papa s'absorbe dans ses pistons et ses cornues. Annie et moi nous n'y comprenons rien et nous voudrions bien aller voir les tableaux du Grand Palais et les objets d'art du Petit Palais qui sont admirables à ce que racontent les journaux. Nous arrachons papa à sa contemplation et nous l'entraînons vers les Invalides.

« Elle est très belle, l'avenue Alexandre III qui va des Invalides aux Champs-Élysées. Elle est bordée du côté des Invalides de bâtiments surchargés d'ornements, de statues, de colonnes, avec des bouquets de fleurs, mais je ne peux reconnaître quel est leur style. Je cherche à me rappeler les définitions de notre professeur de dessin qui nous faisait l'histoire de l'architecture de tous les pays. Et je demande à papa et à maman de m'aider.

« — C'est du Louis XV, dit papa.

« Maman, qui regarde, à ce moment, le toit des pavillons que surmontent des clochetons, des pyramides et des chapeaux pointus de forme bizarre, me répond :

« — C'est du cambodgien.

« Mais Annie, qui est très savante et très avancée dans ses opinions sur les beaux-arts nous fait remarquer que ce style est le style moderne, le *style de demain*, qui résume l'essence esthétique et symbolise, sous une forme intensive, la vie psychique et cérébrale des siècles passés. Il me semble avoir lu cette phrase dans un journal de Bruxelles.

« Nous nous arrêtons sur le pont Alexandre III, où l'on a vraiment un spectacle magique. Le soleil éclaire les arbres qui sont d'un joli vert tendre ; la Seine brille comme une émeraude et l'on aperçoit sur les rives une quantité fabuleuse de monuments qui sont tous plus pittoresques les uns que les autres, depuis le Louvre jusqu'au Trocadéro. Tout cela est agréable et riant. Ce n'est pas massif et sévère comme les quais de Londres, ni étroit et biscornu comme les quais d'Amsterdam. C'est large et plein d'air et de lumière, et cela donne une impression de grâce et de force légère. Serait-il vrai, comme le disait notre professeur de littérature, que l'âme des peuples se reflète dans leurs villes?

« Nous croisons sur le trottoir du pont Alexandre un monsieur très grand et très maigre qui marche en ouvrant ses grandes jambes comme des compas. Papa me dit que c'est M. Alfred Picard, l'auteur de l'Exposition. Je ne sais pas pourquoi, en regardant M. Picard, je songe à nos moulins à vent qui agitent leurs bras d'une façon si comique autour de Zaandam.

« Mais nos moulins sont plus gais que M. Picard.

« Il a fallu tout de même qu'il ait beaucoup d'esprit pour arranger tant de belles choses.

« Enfin, je vois donc des tableaux et des statues. Nous supplions papa et maman de nous laisser, Annie et moi, contempler ces objets merveilleux, sans nous presser. Nous voudrions rester des heures dans les salles du Grand et du Petit Palais. Nous aimerions mieux ne pas déjeuner et ne pas oublier un seul tableau. Mais je vois bien que papa ne partage pas notre enthousiasme et qu'il a faim. »

M. van den H... parut un peu froissé de cette observation irrespectueuse. Il crut devoir élever la voix.

— Marietje ne sait ce qu'elle dit. Je ne serais pas de mon pays si je n'aimais pas la peinture.

— Oui, papa; mais tu l'aimes bien après déjeuner.

Mlle Marietje a la riposte prompte. Elle est futée comme une Parisienne. Toutefois, l'interruption de son père lui a

Au Village suisse. — La Rivière.

déplu. Elle a refermé son manuscrit, et, malgré mes instances, elle se refuse à le rouvrir.

— Au moins, prêtez-le-moi.

Je l'arrache, par persuasion et violence, à ses doigts crispés. Elle se lève, avec Annie, et s'occupe à nous préparer du thé. Annie allume le réchaud, dispose la bouilloire ; Marietje va quérir sur le dressoir le sucre, les cuillers d'argent guilloché, les tasses de vieux delft, porcelaine vénérable, et dont on ne se sert que dans les occasions solennelles. Marietje les essuie, d'une main douce, avec des précautions maternelles. Et je songe que, si Gérard Dow la voyait ainsi, il prendrait plaisir à fixer ses traits sur la toile, et que de cette vieille tasse et de cette jolie fille il ferait sûrement un chef-d'œuvre.

Tandis que les deux sœurs s'emploient à ces travaux domestiques, je feuillette le cahier de notes. Et quoique Marietje ait l'air de s'absorber tout à fait dans sa besogne, elle glisse vers mon fauteuil des regards sournois, tâchant de démêler ce que je pense de son style. Car c'est ce qui la tourmente. Elle est jalouse de parler et d'écrire purement le français. J'ai beau lui répéter qu'elle s'est assimilé, d'une façon surprenante, les tours particuliers et la syntaxe de notre langue, elle a des doutes ; ma loyauté lui est suspecte. Pourtant je suis sincère. Je ne prétends pas que son journal soit imprégné d'une subtile philosophie, qu'il abonde en observations originales ; mais il dénote une facilité, une souplesse dans l'imitation qui me confondent. Plus d'une jeune fille parmi les plus instruites de chez nous, serait incapable d'en rédiger un semblable. Que serait-ce s'il s'agissait de l'écrire en hollandais ! Ajoutons que Mlle Marietje n'est point exempte de malignité. Je découpe encore quelques pages dans son mémento.

« *21 août.* — Les Parisiennes ont une manière de porter

leurs costumes qui n'appartient qu'à elles seules et les fait reconnaître entre toutes les femmes. Nous avons dîné hier au Vieux-Paris, dans une *restauratie* très sélected. Papa s'en est aperçu au moment de la note qui montait aussi haut, nous a-t-il dit, que la tour Eiffel. Il y avait dans la salle des dames élégantes, des Anglaises, des Allemandes, des Espagnoles et, assises à une table, près de nous, deux messieurs en habit et deux personnes en toilettes claires, une blanche et une rose, avec d'énormes chapeaux à fleurs, des corsages de dentelles et des bagues à tous les doigts — même au pouce. Elles mangeaient d'une façon ravissante ; on aurait cru qu'elles ne mangeaient pas ; elles prenaient les morceaux de viande sur leurs assiettes, à petits coups, comme des oiseaux. Et quand elles riaient, d'un rire léger, elles ressemblaient encore à des oiseaux. Elles riaient beaucoup. Il faut croire que leurs amis étaient très spirituels. Et pourtant ils paraissaient bien fatigués. Une des dames dit au plus âgé :

« — Mon cher ami, vous êtes trop *globe*.

« Ce sont les seules paroles que j'aie entendues. Quel singulier langage ! Qu'est-ce que cela veut dire? Annie, que j'ai consultée, ne le sait pas. Peut-être que les deux dames se moquaient de leurs compagnons. Et c'est pour cela qu'elles riaient.

« Quand elles se sont levées, leurs jupes n'avaient pas un pli. Quand les Allemandes ont fini de dîner, elles ont les joues rouges et sont obligées de tirer et de taper leurs jupes et leurs corsages pour leur rendre une forme naturelle. Pourquoi les Parisiennes sont-elles si fines et si distinguées? Elles ont des secrets que nous n'avons pas, nous autres étrangères.

« *22 août.* — Un jeune homme nous a rendu visite à l'hôtel. C'est un client de papa qui est en correspondance avec lui pour ses affaires. On a parlé de l'Exposition. Et ce monsieur nous a dit qu'elle allait très mal, que tous les commerçants étaient en faillite. Il nous retraçait ces catastrophes d'un air joyeux, comme s'il avait eu du plaisir à nous les apprendre. Je pense que ce monsieur n'est pas au nombre des commerçants ruinés ; sans cela il serait moins gai. C'est très laid de se réjouir du malheur des autres. Mais j'ai remarqué que les Français étaient toujours contents de raconter de vilaines choses sur eux-mêmes. Ils craignent qu'on ait une trop bonne opinion d'eux. Nous ne sommes pas comme cela. Nous sommes tout le contraire. Papa m'a expliqué qu'en France tout dépend de la politique, et qu'on dit du bien ou du mal des mêmes choses selon qu'on est ami ou ennemi du gouvernement.

« *23 août.* — J'ouvre mes oreilles pour me perfectionner dans la langue française. L'autre soir, papa nous a menées à l'Opéra, où l'on jouait *Faust* de Gounod. Il a loué les quatre derniers fauteuils. Tous les autres étaient pris. Hier, on nous avait promis des places pour l'*Aiglon*. Nous ne les avons pas eues. Alors papa nous a fait entrer dans une espèce de casino ou de *Tonnhalle*, où les hommes fumaient. Cela sentait mauvais. On ne pouvait pas respirer. Pourtant, il y avait des petites femmes assez comiques qui chantaient sur la scène, en levant la jambe. J'ai bien vu que papa et maman regrettaient de nous avoir conduites en ce théâtre. Ils regardaient si la porte était loin. Ils avaient bien envie de sortir. Un monsieur en habit noir a chanté une chanson intitulée *Idylle cochonnette* (j'ai regardé sur le programme). Alors maman a fait signe à papa, qui nous a fait signe. Nous sommes partis. Il y a des gens qui riaient de nous voir défiler entre les fauteuils. Quelqu'un a dit à papa qu'il était une *poire*. Un autre a dit à maman : *Mince de bidoche*. Et ce même homme grossier nous a traitées ma sœur et moi d'*espèces de tourtes*. J'étais horriblement vexée. J'ai noté ces mots. Mais je n'ai pas pu les trouver dans le dictionnaire... »

Mlle Marietje, qui achevait de disposer son couvert, m'a interpellé :

— Soyez aimable. Dites-moi ce que ces mots signifient. Ce doit être abominable!

Je rassurai Mlle Marietje et lui jurai que ces paroles qui l'avaient tant émue étaient exemptes de méchanceté et qu'elles voulaient dire seulement que M. van den H... possédait une tête caractéristique, que Mme van den H... était douée d'un florissant embonpoint et que Mlles van den H., avaient une expression d'innocence répandue sur leurs visages.

— Mon Dieu! soupira Mme van den H..., que votre langue française est difficile à apprendre! Vous inventez toujours des mots nouveaux.

...La bouilloire chantait. Des vapeurs odorantes s'exhalaient de la théière, et sur la table qu'Annie et Marietje avaient coquettement parée d'une nappe rouge, des friandises s'amoncelaient : gâteaux, biscuits, tranches de pain d'épice fondantes comme le miel, et la neige du sucre cristallisé, et la pâte onctueuse et grasse du fromage national, et, dans des flacons de cristal taillé à facettes, des liqueurs de choix.

— Voici mon plus vieux skidam, dit M. van dén H...

Il en emplit nos verres. Puis il leva le bras et, d'une voix qui prit subitement un ton de gravité inaccoutumée, il ajouta, scandant les syllabes :

— A la France! au président de la République!..

Je répondis, non moins gravement :

— A la Hollande!... A la reine Wilhelmine!. .

Méditation à trois cents mètres

Je suis monté, une dernière fois, au sommet de la Tour Eiffel, d'où l'on jouit d'une vue incomparable. Il y a quelques semaines, la foule s'y pressait. Maintenant, c'est l'abandon, le silence. Deux ou trois étrangers m'accompagnaient dans ce voyage. Ils échangeaient sur l'Exposition qui vient de finir des remarques assez banales, empreintes toutefois de bienveillance. Et j'en conclus que les gens du dehors nous jugent moins sévèrement que nous ne nous jugeons-nous-mêmes.

— Magnifique!

— Colossal!

— *Splendid!*

Ces épithètes se croisaient, mêlées d'observations de détail. Un de mes voisins louait le Petit Palais, dont la silhouette se détachait en vigueur, sur les massifs des Champs-Élysées; un autre s'amusait de l'architecture précieuse du Château-d'Eau, qui semble une dentelle déployée et frissonnante... Ils se signalaient, en bons touristes, les monuments qu'ils avaient visités la veille, et qu'ils étaient heureux de contempler de si haut, et qui leur apparaissaient tout menus, réduits à la proportion de bibelots d'étagère.

Mais je n'écoute plus leurs propos que d'une oreille distraite... Au moment où je pénètre sur la troisième plateforme, un vent violent — le vent du large — me fouette au visage. Je l'aspire avec délices, j'en emplis mes poumons. Il me semble que je plane très haut, dans une sphère idéale, au-dessus des choses réelles. Et je m'arrête saisi, et, comme toujours, profondément ému par la grandeur étrange de la majesté du spectacle...

Ce n'est qu'une ville. Mais quelle ville! Près de trois millions d'êtres y naissent, y vivent, y meurent, dans ces cubes de pierres, gros comme des pois chiches, et qui sont des maisons à cinq étages. Elles sont assez vilaines, chacune prise en soi. Mais réunies, groupées, pressées les unes contre les autres, elles perdent leur laideur. Elles vous suggèrent la notion de l'infini. Elles courent, se bousculent; ce sont des flots qui jaillissent, couronnés d'écume blanche et soulevés par la force intérieure et formidable d'un océan... Océan humain, aux ondes mobiles, aux courants tumultueux. Car, par une singulière illusion, ces monuments, ces palais, dont on ne distingue que les toits, ces quartiers, ces monstrueux pâtés d'immeubles s'animent, à mesure qu'on les fixe du regard. Leurs flancs tressaillent; ils ont l'air de penser; leurs physionomies sont expressives...

Tel édifice est martial, tel autre recueilli, tel autre bourgeois. Une pompe impériale et royale éclate dans la coupole des Invalides. Les colonnades de Gabriel évoquent la pure élégance du style français; elles sont nettes et fines comme la prose de Voltaire! Quant aux églises, elles reflètent l'âme des générations qui les ont bâties, et des fidèles qui y fréquentent. Nous ne pouvons chasser de notre esprit ces associations d'idées. La cathédrale surgit, sereine, grandiose, inaccessible aux clameurs du peuple ; Sainte-Clotilde, douairière têtue, est intolérante ; la Madeleine à demi païenne ; Notre-Dame-des-Victoires, superstitieuse ; Notre-Dame-de-Lorette, toute bonne et indulgente aux péchés. Il y a de la supériorité dans Saint-Sulpice, de la vanité cossue dans Saint-Augustin, un grain de perfidie dans Saint-Germain-l'Auxerrois ; et dans les tourelles, les fossés, les murs cyclopéens du Sacré-Cœur-de-Montmartre, on découvre comme une intention de défi, — l'exaltation d'une foi orgueilleuse et protectrice.

Et toutes ces constructions, chargées d'années, ou dans le vif éclat de la jeunesse, du Panthéon à l'Opéra, du Louvre au pont Alexandre, de l'Arc de Triomphe à la Sorbonne, se dressent vers le ciel. Ce matin, on dirait qu'elles sont moroses et qu'elles frissonnent sous les aigres morsures de la bise. D'épais nuages s'amassent à l'horizon. Une buée monte du sol, estompe les profils, voile les contours, enveloppe les objets de cette atmosphère grise et violette, si harmonieuse, qui fait le désespoir des coloristes et appartient en propre à Paris. Des points lumineux percent le brouillard, notes jetées du bout de son pinceau par un merveilleux artiste, éclairs fugitifs, miroitement du fleuve, incendie d'une vitre, là-bas, au fond des faubourgs, sur la crête des Buttes-Chaumont. Cette lueur s'allume peut-être au logis d'un prolétaire, qui ajoute ainsi une étincelle au feu d'artifice et contribue, sans en avoir conscience, à embellir la cité.

Mais dans son ensemble, la ville est morne, oppressée par la tristesse des bourrasques de novembre ; la misère sort d'entre ses pavés, et l'on songe aux drames sinistres de la prostitution et de la faim qui, nuit et jour s'y déroulent.

Auprès de moi, les Anglais continuent de deviser :

— Vilain temps !

— Désagréable !

— Paris n'est pas joli, *to day* !

Les Anglais ont raison. Considéré à travers les brumes d'automne, sous la menace des premiers frimas, Paris n'est pas joli... Paris est sublime.

Soudain, un changement s'accomplit, pareil aux transformations des féeries. Les nuages s'écartent, le soleil brille. Et cette mer humaine, si lugubre tout à l'heure, prend un aspect d'allégresse et de santé. Les murailles s'éclairent, les arbres secouent gaiement leurs branches trempées de pluie, le fleuve s'épanouit, les rues s'animent.

Oh ! surprenant prestige de la lumière ! Pourquoi le même paysage, selon qu'il est bien ou mal éclairé, éveille-t-il en nous des sensations différentes ? Ces mêmes objets, qui m'apparaissaient funèbres, sourient maintenant et me communiquent des idées joyeuses. Cet enfer se transforme en paradis. C'est la patrie des arts, des sciences, des lettres, des raffinements mondains. Tout ce qui rend la vie aimable y fleurit. Et non seulement cette ville est illustre, mais elle est utile, généreuse, elle est le cerveau du monde et marche à l'avant-garde de l'humanité. Elle s'intéresse aux humbles ; elle les encourage et les aide à s'affranchir. Et si jamais leurs rêves se réalisent, ce sera sur cette terre constamment ensemencée.

Attendez ! la brume achève de s'évanouir, dissipée par les rayons de midi. Le panorama s'élargit, devient immense. Au delà de Montmartre, de Montrouge, de Grenelle, d'Auteuil, de Saint-Cloud ; au delà du mont Valérien qui garde, malgré ses canons, une apparence bénigne, on aperçoit des points blancs et des aiguilles, disséminés au flanc des côteaux, dans les bois et dans les plaines.

Les points blancs sont des villages, et les aiguilles sont leurs clochers.

Lieux légendaires, que les poètes ont chantés, où les romanciers ont placé leurs fictions, où les peintres cherchent des sujets et des modèles. Ville-d'Avray, chère à Corot, Versailles, Marly, Saint-Germain; et Gonesse et Montfermeil où Paul de Kock se rendait le dimanche, en tilbury, accompagné de M. Dupont; le Bourget, Champigny qu'emplissent des sonneries de clairon; Bagnolet plus pacifique; le cordial Saint-Thibault-des-Vignes; et les hameaux de la Brie, la Queue, Chennevières, Sucy, Boissy-Saint-Léger; et les tilleuls en quinconce de Choisy-le-Roi; et les roses de Draveil; et le postillon de Longjumeau; Palaiseau où demeura George Sand; et les futaies de Rambouillet, et l'étang de Cucufa et du Trou-Salé.

La banlieue parisienne possède toutes les séductions. La nature l'a comblée, en lui donnant des forêts, des lacs, des eaux vives, des collines aux molles ondulations, des vallées fertiles, des rochers plantés de pins alpestres et des jardins où poussent les vieux arbres de l'Ile de France : le bouleau, l'orme et le chêne...

Voilà ce que me montre le soleil, en écartant, pour quelques minutes, les vapeurs automnales. Son énergie est intermittente. Tantôt il vainc les nuages, et tantôt les nuages le voilent à nouveau. Et dans ces jeux mouvants, une moitié de Paris resplendit, tandis que l'autre moitié se couvre de ténèbres. On dirait du double masque de Melpomène et de Thalie, appliqué sur une même figure et la faisant, tout à la fois, rire et pleurer.

Pendant que l'orage gronde sur les Gobelins, les pelouses de Longchamps se nuancent d'un tendre vert Liberty. Et les villas de Meudon, aux clartés marmoréennes, évoquent l'image des pentes neigeuses et des temples olympiens de l'Acropole...

Comment ne pas s'absorber dans la fascination de ces merveilles? Les étrangers qui errent, comme moi, sur la troisième plate-forme de la tour, sont d'humeur moins méditative. Un besoin d'activité physique les dévore et les entraîne à de certains mouvements. L'un deux s'occupe à inscrire son nom sur le parapet, *William H.., Glasgow, 1900.* Le second déchire en quatre morceaux un exemplaire du *New-York Herald* et les lance dans le vide. Il goûte un plaisir infini à suivre le vol hésitant de ces papiers. Et quand il les a vus se poser en tournoyant sur le pavillon en verre filé de M. Poncin, il pousse un cri de satisfaction naïve...

Je laisse mes voisins à leurs divertissements. Et les yeux perdus vers la ville, je m'abandonne à la douceur de rêver. Je pense aux catastrophes qu'elle a subies, au sang qui y a coulé jadis, pour des causes plus ou moins justes, aux passions qui l'ébranlèrent, aux barricades qui y surgirent; je songe aux siècles qui ont passé sur elle et aux siècles plus nombreux qu'il lui reste à traverser... Que lui réservent-ils? Lui seront-ils cléments ou funestes? Verront-ils son apothéose ou sa décadence? Quel sera dans l'avenir le sort de ce Paris si vaillant, si prompt à l'héroïsme, si batailleur?

Indéchiffrable énigme! Les deux millions d'habitants de la cité géante croient agir dans la dépendance et la plénitude de leur liberté. Et, sans qu'ils le veuillent, sans qu'ils se concertent, leurs actes concourent à la même fin, qui lui est imposée par la loi fatale que ceux-ci nomment Providence, ceux-là Évolution et Progrès! Moi-même, qu'une curiosité badaude a entraîné ce matin à gravir sept ou huit cents marches; moi qui ne suis qu'un atome dans le tourbillon des races, et qui n'arriverai pas, sous ma forme actuelle, au but où tendent les hommes, je travaille inconsciemment à l'atteindre, je joins mes efforts personnels à leurs efforts. Et je ne choisis pas la voie où je m'engage. C'est une influence obscure qui m'y conduit.

On se sent très modeste, quand on est perché à trois cents mètres au-dessus d'Asnières, et cela vous incline à l'indulgence philosophique. Les esprits intolérants et doctrinaires auraient grand profit à entreprendre cette ascension. Ils en rapporteraient une excellente leçon d'humilité.

Tel n'est pas, je le crains, l'enseignement que tireront mes Anglais de leur promenade. Ils continuent de projeter dans l'espace des fragments de journaux. Après avoir consommé le *New-York Herald*, ils lancèrent le *Graphic* et tâchent de deviner à quel endroit tomberont ces pages imprimées. Les paris sont ouverts. C'est un sport d'un nouveau genre.

— Palais de l'Optique.

— Pavillon bleu.

— Creusot.

— Tour du Monde.

— *All right !*

— Hip! hip! hourrah !

J'ai embrassé d'un dernier coup d'œil le panorama prestigieux de Paris et j'ai tranquillement regagné le « plancher des vaches ».

Au pied de la Tour Eiffel, sous ces allées, où les foules s'étouffaient, le calme règne, un calme de nécropole. Les restaurants sont clos ; des affiches déchirées pendent à la devanture des boutiques et des kiosques ; on entend, au loin, le choc sourd des marteaux et l'on ne sait si ce sont des caisses d'emballage qu'ils clouent ou bien des cercueils. L'Exposition est morte. On la met en bière. Et des grâces infinies qu'elle déploya il ne subsiste qu'un souvenir, qu'un parfum évaporé.

Pourtant tous les acteurs qui prirent part à la représentation ne sont pas partis. Quelle n'a pas été ma surprise, de rencontrer à l'angle de l'avenue de Suffren, sept ou huit mousmés qui trottinaient, enveloppées dans des châles de lainage, et de reconnaître parmi cette troupe vagabonde, ma petite amie Boule d'Épingle ! Elle m'envoya un bonjour affectueux, auquel s'associèrent ses compagnes, Mlle Papillon et Mlle Saule-Pleureur.

— Eh quoi ! mesdemoiselles, vous ne craignez pas le froid? Vous ne vous hâtez pas de rentrer à Tokio ?

Mlle Boule d'Épingle me répondit, par l'organe de son interprète ordinaire :

— Nous voulons voir Paris que nous ne connaissons pas.

Elle ajouta :

— Et puis, nous allons jouer la comédie. Nous savons mourir aussi bien que Sada Yacco !

La jalousie cabotine n'est donc pas un sentiment strictement européen ! Les *geishas* sont envieuses du succès de leur fameuse compatriote. Pauvres *geishas* ! Elles vont imiter son agonie sur des scènes de cafés-concerts. Elles se flattent d'être Parisiennes ! Elles ne savent pas que la grand'ville brise sans pitié les jouets dont elle s'est amusée. Les *geishas* se brûleront les ailes comme le Valmajour d'Alphonse Daudet. Qu'elles retournent bien vite dans leur pays. Il n'est que temps ! Je voudrais leur faire toucher du doigt les dangers qu'elles affrontent, les entraîner au sommet de la Tour Eiffel et leur montrer le gouffre où leur innocence se précipite.

Mais déjà elles sont loin... Elles ont repris leur course entre la Kammerzel et le Maréorama. Les mignonnes créatures m'adressent un dernier geste d'adieu — emportant dans les plis de leurs robes, dans l'édifice de leurs chevelures, dans la gentillesse fardée et peinte de leurs sourires, les frivolités exotiques et les menus agréments de l'Exposition défunte !

TABLE DES CHAPITRES

10756-00. — Corbeil. Imprimerie Ed. Crété.

10756-00. — CORBEIL. Imprimerie ÉD. CRÉTÉ.

www.ingramcontent.com/pod-product-compliance
Ingram Content Group UK Ltd.
Pitfield, Milton Keynes, MK11 3LW, UK
UKHW012158240726
13966UKWH00002B/417

9 782013 445658